15
CB143113

VOZES DO ESPÍRITO

CARLOS AUGUSTO ABRANCHES

VOZES DO ESPÍRITO

FEDERAÇÃO ESPÍRITA BRASILEIRA

ISBN 978-85-7328-139-2

B.N. 139.821

3ª edição – 1ª Reimpressão – *Do 10,6º ao 10,7º milheiro*

002-O; 10/2009

Capa: Douglas Martins

Copyright 1997 by
FEDERAÇÃO ESPÍRITA BRASILEIRA
(Casa-Máter do Espiritismo)
Av. L-2 Norte – Q. 603 – Conjunto F (SGAN)
70830-030 – Brasília (DF) – Brasil

Todos os direitos de reprodução, cópia, comunicação ao público e exploração econômica desta obra estão reservados única e exclusivamente para a Federação Espírita Brasileira (FEB). Proibida a reprodução parcial ou total da mesma, através de qualquer forma, meio ou processo eletrônico, digital, fotocópia, microfilme, Internet, CD-ROM, sem a prévia e expressa autorização da Editora, nos termos da lei 9.610/98 que regulamenta os direitos de autor e conexos.

Composição e editoração:
Departamento Editorial e Gráfico – Rua Sousa Valente, 17
20941-040 – Rio de Janeiro (RJ) – Brasil
CNPJ nº 33.644.857/0002-84 I.E. nº 81.600.503

Pedidos de livros à FEB – Departamento Editorial
Tel.: (21) 2187-8282, FAX: (21) 2187-8298.

CIP-BRASIL. CATALOGAÇÃO-NA-FONTE
SINDICATO NACIONAL DOS EDITORES DE LIVROS, RJ.

A141v
3.ed.

Abranches, Carlos Augusto, 1964-

Vozes do Espírito / Carlos Augusto Abranches – 3. ed. – 1ª reimpressão – Rio de Janeiro: Federação Espírita Brasileira, 2009

216p.; 18cm

ISBN 978-85-7328-139-2

1. Vozes do Espírito (Mensagem mediúnica) – Crítica e interpretação. 2. Espiritismo. I. Título.

97-1429. CDD 133.93
CDU 133.7

29.08.97 02.09.97 003862

Este livro é dedicado a Francisco Cândido Xavier, pacificador de almas em nome do Cristo.

SUMÁRIO

Este trabalho foi elaborado em 9 meses — de agosto de 96 a abril de 97. Sua conclusão só foi possível por causa do apoio de algumas pessoas, como Luciana, minha esposa, atenta às referências bibliográficas e dona de boas idéias; Victor, meu filho, que apesar dos poucos anos de vida esteve disposto o suficiente para acompanhar, do colo do pai, a elaboração de alguns capítulos; Eduardo Valério, amigo e estudioso da Doutrina, que sugeriu algumas correções de rumo, e Suely C. Schubert, fiel estudiosa e defensora da obra de Allan Kardec, que me mostrou a mensagem "Vozes do Espírito" pela primeira vez, há cinco anos.

Na pessoa de Eduardo, agradeço ao Movimento Espírita de S. José dos Campos (SP), e na de Suely, ao Movimento de Juiz de Fora, onde convivi com espíritas de muita importância para minha vida pessoal.

VOZES DA VIDA MAIOR

A algaravia das vozes está no ar. São lamentos, apelos, queixas, gritos de dor, de ódio, de espanto, de medo, de alegria.

Vozes que balbuciam, que sussurram, que expressam carinho, que falam de amor, de saudade, de solidão ou que cantam a poesia da vida nos mais diferentes ritmos e significados.

Vozes que ensinam, que pacificam, que oram, que traçam rumos, que destroem, confundem, induzem, atraem, enganam, magnetizam, conquistam.

Vozes que comandam, irritam, aliviam, estimulam, comovem, dulcificam.

Os sons da vida, que estua no Universo, estão no ar. Vibram em diferentes freqüências, repercutindo pelo espaço infinito, entoando majestosa sinfonia glorificando o Criador.

Vozes que falam sem palavras.

São expressões da própria vida que exprimem por si mesmas a grandiloqüente epopéia do Ser através dos evos.

Cada ser humano escreve a sua própria história e esta fala de todos os seus feitos no fantástico livro da vida.

A saga evolutiva prossegue sempre.

O Espírito, despertando do sono hibernal da ignorância, começa a ouvir a si mesmo. Reconhece sua própria voz e, lentamente, à custa de ingente esforço, a vai modulando para que vibre no diapasão do Bem e do Amor, em consonância com a harmonia universal.

Mas, enquanto permanece adormecido exaure-se nas turbulências de suas criações mentais, iludindo-se com fantasias efêmeras e inevitavelmente prejudiciais.

Inúmeras são as vozes que procuram despertá-lo, chamando-o às suas responsabilidades de Espírito imortal.

Hoje vêm de forma direta, através de diferentes freqüências e modalidades.

São as Vozes dos Invisíveis que tentam se fazer ouvidas.

Chegam até nós as VOZES DOS ESPÍRITOS.

Ressoam como "sons de trombetas e repercutem de um extremo a outro do Universo".

Entoam o divino concerto e conclamam os homens a que façam o mesmo, tornando uníssonas todas as vozes.

Expressam o Amor que sustenta toda a Criação e convidam as criaturas de Deus a se unirem a elas para que a harmonia se estabeleça em nosso conturbado planeta.

Estão falando no idioma universal do Amor. Tangem as cordas mais sensíveis dos sentimentos humanos.

Quão poucos, todavia, são os que as conseguem ouvir.

Os que estão na sintonia do Amor.

Os que vibram em faixas mais altas.

Os que deixam a horizontalidade para o grande impulso da verticalidade.

O pensamento divino, porém, ressoa não somente no espaço infinito mas, especialmente, em cada consciência, falando das Leis Eternas num permanente convite à ascensão.

Ouvem os que têm ouvidos de ouvir.

O tempo é agora.

•

A mensagem psicografada pelo nosso venerando Francisco Cândido Xavier — VOZES DO ESPÍRITO — que está sendo comentada neste livro, desperta a nossa atenção por ser um primor de síntese, beleza e profundidade. Seu elevado teor transparece em cada uma das trinta frases que a constituem. Sua belíssima estrutura emociona e transporta-nos para dimensões transcendentes.

Detenhamo-nos um pouco mais na página mencionada para lhe apreendermos o profundo significado.

Em seu conjunto ela apresenta a evolução do Espírito.

As cinco primeiras frases são de uma transcendência notável, evidenciando a própria criação do Espírito, sua condição e posição no contexto universal.

As frases seguintes chamam a atenção para aspectos pessoais, começando em — A Mente é meu Lar — e em seguida — O Coração é meu Templo — enfatizando a razão e o sentimento, as duas "asas" imprescindíveis para a ascensão.

Nova abertura para dimensões mais amplas: A Verdade é meu Culto. O Amor é minha Lei.

A partir da frase — A Forma em si é minha Manifestação — que alude ao perispírito e ao corpo físico, vão sendo assinaladas as experiências do processo reencarnatório e o objetivo maior a que este visa: à evolução.

As cinco frases finais desenham o futuro, o vir-a-ser do Espírito imortal na busca suprema: A Perfeição é meu Destino.

•

Carlos Augusto Abranches, com a intuição que lhe é peculiar traz-nos essa tocante mensagem, que a sua fina sensibilidade reveste de excelentes comentários e desdobramentos.

Nas páginas seguintes, querido(a) leitor(a), você estará sendo apresentado ao autor deste livro. O que ele escreve é o que ele é. Você, certamente, sentir-se-á feliz em constatar que na sua juventude física ele demonstra as conquistas amadurecidas e imperecíveis que são traços marcantes de sua personalidade nesta atual etapa terrena, o que, afinal de contas, são as ***vozes*** *do Espírito imortal a expressar-se através destas letras.*

A mensagem que está sendo desdobrada de forma tão bela por Guto Abranches leva-nos a uma viagem fantástica através dos tempos.

Esta viagem somos nós mesmos e é dela que estamos falando pelas infinitas VOZES DA VIDA MAIOR.

Suely Caldas Schubert

Juiz de Fora (MG), outono de 1997.

ELES SAÍRAM A PREGAR...

As vozes continuam clamando pelos desertos. No princípio, o verbo ressoava pela acústica solitária dos missionários, que se propunham, diante do Senhor, a libertar da garganta o cântico sonoro das sublimes revelações.

Cada tempo teve sua voz, mas em quase todos ela era silenciada pela mordaça da ignorância. A sede de conhecimento e de amor das multidões pedia o pão que sacia a fome da alma. Deus, Atento e Paternal, oferecia aos homens a colaboração eficiente de filhos dedicados ao próximo, para que se consolidasse o ensino vivo das lições imorredouras.

Foi assim que a humanidade elaborou as páginas de sua própria luta histórica. E o registro das experiências coletivas dos povos revela que, paralelamente às conturbações sociais, existiram homens de verbo iluminado que, conquanto apagados pelas atribulações momentâneas de suas épocas, nunca desistiram de falar do bem, da força efetiva de sentimentos nobres como reais instrumentos de transformação geral, para uma mudança profunda da humanidade.

A miséria moral, que nos tempos de Jesus separava ricos e pobres, doentes e sãos, permanece viva, ainda hoje, dividindo fracos e poderosos, excluídos sociais e pretensos donos da verdade. Da mesma forma que ontem, outras vozes se levantaram em nome do Bem, alertando para a ocorrência dos fatos e ao mesmo tempo convidando os que dormem o perigoso sono das ilusões imediatistas ao despertamento pessoal.

Uma dessas almas convidadas pelo Senhor a abrir as portas da realidade espiritual para a coletividade é o médium espírita Francisco Cândido Xavier. Homem integral e condutor de almas, Chico é o protótipo da bondade, modelo de conduta de gerações inteiras de jovens trabalhadores do ideal preconizado por Allan Kardec. Intimorato, o servidor prossegue ininterrupto na vigilância sagrada do trabalho no bem, uma das formas que encontrou, segundo costuma afirmar, de sair dessa encarnação com saldo positivo diante da própria consciência.

Em 1981, Chico psicografou uma mensagem que foi intitulada "Vozes do Espírito". A página, inserida como último capítulo do livro "Aulas da Vida"[1], tem afirmações de alto teor de espiritualidade e traz conceitos de circunstâncias existenciais co-

---

1. Editora Ideal. São Paulo, 1981, 1ª edição.

muns à vida dos homens, como Imortalidade, Trabalho, Equilíbrio, Consciência e Dor, dentre inúmeras outras.

O texto foi assinado por alguém que se intitulou "O Espírito". Nenhuma outra informação, nenhum dado a mais. Somente "O Espírito". Ponto final para as cogitações do médium e começo de indagações por parte do leitor atento. Quem seria, afinal, esse Ser de grandeza espiritual inquestionável, dada a profundidade transcendental de cada uma das afirmativas? Poderia ser o próprio Jesus, a enviar anonimamente uma mensagem para os irmãos de jornada? Ou algum colaborador fiel, dos que não se cansam de trabalhar em nome do Senhor para que o planeta alcance novos e elevados níveis na hierarquia dos mundos?

Não importa. O espírita consciente aprendeu com Allan Kardec que o que interessa, em páginas desse porte, não é a relevância de quem assina o texto, mas o conteúdo do que se lê. A mensagem em questão é grandiosa demais para que percamos tempo tentando descobrir quem é o autor anônimo. Sigamos outro caminho, portanto. A intenção, durante as páginas deste pequeno livro, é refletir sobre cada uma das afirmações, buscando rumos consentâneos com as belezas incomensuráveis da Doutrina dos Espíritos.

É evidente que, diante de nossas limitações pessoais, não temos a menor pretensão de oferecer um trabalho que vá além do desejo de confortar corações. Nosso desiderato é incentivar os amigos a prosseguirem na busca de vitórias pessoais no terreno da alma, luta na qual também nos encontramos. Obras de maior envergadura, com a bênção de Deus, encontramos várias na imensa literatura espírita[2], o que é muito importante para aquele que lê com a nobre intenção de estudar com profundidade.

Que possamos, desta forma, desbravar atalhos por dentro de nossas próprias capacidades íntimas, a fim de garimpar talentos ocultos e desconhecidos. Poderemos, quem sabe, encontrar de novo a via de acesso aos nossos próprios ouvidos internos, que há séculos oferecem terreno fértil a outros convites, não tão felizes, para que ouçamos, finalmente, as vozes dos que clamam nos desertos dos corações, convidando-nos a partilhar com o Senhor do banquete da libertação.

Carlos Augusto Abranches

---

2. Dois bons exemplos de livros sobre o tema são *Panoramas da Vida,* do Espírito Ignotus, por Divaldo P. Franco (Ed. Leal), e *Vida e Mensagem,* do Espírito Francisco de Paula Victor, por José Raul Teixeira (Ed. Frater). Textos singelos, objetivos, de agradável leitura.

VOZES DO ESPÍRITO

Deus é meu Pai.
A Natureza é minha Mãe.
O Universo é meu Caminho.
A Eternidade é meu Reino.
A Imortalidade é minha Vida.
A Mente é meu Lar.
O Coração é meu Templo.
A Verdade é meu Culto.
O Amor é minha Lei.
A Forma em si é minha Manifestação.
A Consciência é meu Guia.
A Paz é meu Abrigo.
A Experiência é minha Escola.
O Obstáculo é minha Lição.
A Dificuldade é meu Estímulo.
A Alegria é meu Cântico.
A Dor é meu Aviso.
A Luz é minha Realização.
O Trabalho é minha Bênção.
O Amigo é meu Companheiro.
O Adversário é meu Instrutor.
O Próximo é meu Irmão.
A Luta é minha Oportunidade.
O Passado é minha Advertência.
O Presente é minha Realidade.
O Futuro é minha Promessa.
O Equilíbrio é minha Atitude.
A Ordem é minha Senha.
A Beleza é meu Ideal.
A Perfeição é meu Destino.

O Espírito

(Mensagem psicografada em reunião íntima de preces, em Belo Horizonte, MG. O mensageiro que a escreveu e que se apresentou num ambiente de grande elevação não se identificou, assinando o comunicado apenas com as palavras "O Espírito" — nota do médium)

DEUS É MEU PAI

A folhagem envelhecida dos plátanos deixou as calçadas repletas de uma cobertura amarela, indicando a despedida do outono naquela cidade plantada junto ao pé das montanhas. O caminho forrado desenhou atalhos para o mestre zen, amadurecido nos caminhos da sabedoria, e seu discípulo, que sempre o indagava, enquanto caminhavam, sobre as questões mais complexas e fundamentais da existência.

Naquele dia, talvez por inspiração da harmonia cósmica que prenunciava a chegada de ares invernais e vibrações rejuvenescidas, o jovem aprendiz desejou saber como o iniciado adquirira o tão desejado saber.

Diante da pergunta, o professor respondeu, sereno:

— No começo, ao contemplar a natureza, eu acreditava que as montanhas eram somente montanhas e os rios eram somente rios. Quando passei a questionar e a fazer perguntas, assim como você, querendo saber tudo sobre todas as coisas, comecei a perceber que as montanhas não eram somente montanhas e os rios não eram somente rios.

— E agora, que já és sábio? — voltou a indagar o rapaz.

— Agora — respondeu o instrutor — depois de anos e anos dedicado ao ideal do saber, posso lhe dizer que as montanhas voltaram a ser somente montanhas e os rios a ser simplesmente rios.

•

A grandeza das coisas simples é uma mensagem de sabedoria. A vastidão da fertilidade por trás de um grão de mostarda, a combinação perfeita de cores em uma pétala de amor-perfeito, a imponência de uma gota d'água a balançar num filete de grama, após a chuva renovadora... Retalhos de uma divindade atuante, onipresente, a definir rumos e possibilidades para as múltiplas vidas que se manifestam em volta.

Para captá-la, é preciso viver intensamente a longa experiência de educar os olhos da alma, a fim de que vejam o rio onde há o rio e as montanhas onde elas estão e existem. Quando o homem adquire a condição de enxergar a realidade, entra finalmente em contato com a verdade das coisas, e aí abandona todo apoio inútil, porque seu interesse passa a ser unicamente sentir a presença de Deus em tudo.

A descoberta, no entanto, não se encerra nesse nível. O ser começa a buscar os compromissos que lhe competem cumprir nesse concerto de esforços, a fim de que a relação criatura-Criador se concretize na ação que renova e engrandece.

Em meio aos desafios da vida, que às vezes se apresentam através de difíceis embates, a criatura vê-se na necessidade de utilizar os recursos do equilíbrio, tais como a oração, que faculta a paz; a meditação, que afiniza as vibrações humanas com as da Vida Imortal; a compreensão da grandeza da Bondade Superior, que incita à humildade.

Fortalecido, ele passa a entender que, da parte de Deus, também há a contrapartida do amparo. Segundo Joanna de Ângelis, são dEle:

a interferência providencial de um amigo ignorado;

o auxílio gentil de desconhecido benfeitor;

a opinião favorável de uma pessoa influente;

a presença operosa de devotado anônimo;

o socorro imprevisto, mas oportuno;

a coragem que assoma ao espírito, ante o infortúnio;

a presença caridosa de estranhos passantes;

e tudo quanto de pior poderia ter acontecido, mas que não aconteceu.[1]

A relação entre as duas partes deve ser, portanto, de total confiança. A certeza da paternidade de Deus se manifesta na esperança de que Ele vai agir

---

1. FRANCO, D. *Celeiro de Bênçãos.* Salvador, Ed. Leal, 2ª ed., 1983, Cap. 7.

conosco através de seus outros filhos, e que igualmente se servirá de nós para atender aos necessitados. Tal relação de entrega, segundo Joanna, deve ser a tônica de nossa vida até o fim de nossos dias.

•

A vivência do desejo de ser *um* com o Pai leva à conquista da sabedoria, que vê as coisas como são... e dessa visão extrai o anseio de amar profundamente a tudo.

É por essa razão que o Espiritismo se faz presente, sugerindo com veemência ao homem imortal que busque caminhos adequados para entender-se a si mesmo e ao Senhor da Vida. Conforme opinião de Herculano Pires, Deus espera a nossa maturação espiritual para nos revelar novas belezas da Vida Maior, que por enquanto não podemos entender[2]. Diz ainda que somos filhos e herdeiros do Pai e toda a Verdade nos espera nas supremas dimensões da Realidade Universal, de que conhecemos apenas uma reduzida parcela.

Para o nobre professor, não é possível admitir que, a pretexto de nossa impotência atual, os supostos agraciados com uma sabedoria infusa nos imponham como verdades reveladas suas conclusões dogmáticas sobre questões inconclusas. Daí o empenho

---

2. PIRES, H. *Curso Dinâmico de Espiritismo.* São Paulo., Ed. Paidéia, Cap. XV, 2ª ed. 1982, págs. 128 a 131.

em estudar a fundo a Doutrina dos Espíritos, a fim de entender por que Deus é considerado *Inteligência Suprema, Causa Primária de todas as coisas.*

O propósito é devolver ao mundo as explicações teológicas que nos serviram até então, mas que agora não interessam mais, e adotar outras mais avançadas, mais adequadas ao novo estágio de evolução em que nos encontramos. Crescer no autoconhecimento para alcançar uma nova visão da Divindade, rumo ao coração do próximo, ao mesmo tempo em que preparamos o santuário da intimidade para os colóquios com Deus.

•

O aprendiz não esqueceu a lição. Tal como o homem na caverna de Platão, que só via as sombras da realidade exterior e acreditava que aquilo correspondia ao real, ele agora percebe que as sombras não são a substância; que ele tem de sair do escuro e reconhecer a imensa grandeza de tudo que o cerca. Ele sabe que agora precisa tornar-se desperto.

E à medida que vai crescendo em sabedoria, o jovem sente que sua busca de conhecimento não é aquela de caráter científico-intelectual da modernidade, mas sobretudo a de apreensão do saber pelo conhecimento *não intelectual,* ou seja, a experiência plena em que conhecedor e conhecido, através da intuição, se tornam um só ser.

A NATUREZA É MINHA MÃE

Os sentidos se abrem para o esplendor do Infinito. Na busca permanente de encontrar a si mesmo nas paragens da imortalidade, o homem levanta os olhos da alma para o céu e vasculha a grandeza do Imponderável, através das luzes que lhe chegam à visão limitada.

Distâncias inimagináveis são percorridas num fluir de pensamentos. Constelações, Galáxias e Sistemas são visitados pelo farol da intuição. Aos poucos, o ser está envolto na paz desconhecida dos que se tornaram íntimos das estrelas, e inicia nova jornada rumo à completa harmonia com a Ordem Universal.

Em busca do novo, ele prossegue tentando descobrir as sutilezas que Deus oferece a cada passo do caminho. Depara-se com as águas que reinam soberanas em seu planeta-moradia e encanta-se com os pequenos poemas de amor a jorrarem de lagos e riachos, córregos e cachoeiras, indicando que na Vida até as vírgulas das pequenas coisas têm uma parcela da mensagem do Bem.

Olha para o chão e vê delicada semente, aparentemente abandonada pelo fruto, mas revela-se impressionado ao sentir o amparo maternal da terra, que apreende o recado da fertilidade e oferece-se como útero natural, de onde a minúscula detentora da potência vital se espraiará em inúmeros pomares, prontos a saciar a fome e oferecer riquezas.

Vislumbra mais à frente a floresta cerrada, com todos os seus perigos ocultos e ameaçadores, e descobre ali o entranhar das primeiras árvores, que de tão agarradas, quase impedem que se veja logo adiante outra paisagem; será preciso cerrá-las para se embrenhar com destemor nos segredos da mata. Os espinhos não perdoam a imprudência, e até os animais, que por instinto debandariam medrosos, resolvem permanecer, para acompanhar o viajante em sua procura.

Era a imagem de que ele precisava para reunir coragem e penetrar no desconhecido de si mesmo. A viagem rumo ao autodescobrimento também é repleta de armadilhas, preparadas pela escuridão da ignorância, e os monstros da inferioridade espiritual ficam à espreita, esperando o desânimo do viajor para arrebatarem-lhe definitivamente as forças.

Mais atenta ainda à jornada redentora, a criatura sensível começa a compreender que as distâncias siderais captadas por sua perquirição são irmãs das que pequenos seres, como a formiga, por exemplo, fazem ao levar com esforço o alimento para o refúgio, e semelhantes aos gritos lancinantes que o animal materno solta quando sente que sua cria está chorando de fome ou de dor, à hora da morte.

Eis, portanto, a conclusão a que chega, sem ao menos ter precisado usar a palavra para elaborar sua indagação. A Natureza é a essência divina que se manifesta em todas as partes, mantendo-as unidas em nome da harmonia universal estabelecida por Deus.

É assim que o homem compreende o que Léon Denis afirmou, ao escrever que "a Natureza nos mostra, em toda a beleza da vida, o prêmio do esforço paciente e corajoso e a imagem dos nossos destinos sem-fim. Ela nos diz que tudo está em seu lugar no Universo; mas também que tudo evolve e se transforma, Almas e coisas. A morte é apenas aparente; aos tristes invernos, sucedem os dias primaveris, cheios de vida e de promessas."[1]

É nesse palco de sublimes manifestações que o Pai Criador, em Seus mistérios ainda insondados pela inteligência humana, cria a figura materna, a Alma do Universo, que vai receber as obras da Criação e definir-se como o sentido mais elevado da própria Vida. A Mãe-Natureza é o elo que une a causa e os efeitos, o interior e o exterior, o homem e Deus.

Forma de vida receptora de tudo que é criado, a Mãe, por ser o terreno vivo das manifestações do Amor cósmico, torna-se capaz de acolher em si os

---

1. DENIS, Léon. *O Grande Enigma.* 9ª ed., FEB, 1991, pág. 134.

seres-filhos desse sentimento e oferecer-lhes, em nome de Deus, novas oportunidades de serviço, através das quais todos os elementos se encontram para o concerto da evolução.

Por ser Mãe, a Natureza alimenta, veste, educa, orienta e define normas de postura do filho diante da Existência. Seu discurso é silencioso e contém uma das mais belas melodias universais, a da responsabilidade individual de cada um diante das próprias atitudes, como corolário natural do livre-arbítrio. É essa posição que, se bem compreendida, pode colocar o homem em paz com a consciência e a serviço permanente do trabalho no bem.

O UNIVERSO É MEU CAMINHO

Desde o momento em que mergulhou na era do pensamento e da reflexão, o homem tem olhado para o firmamento. A contemplação das estrelas o instiga a descobrir o que está por trás da imensidão de fenômenos que reveste a noite e o dia, a lua e o sol, os ventos e as nuvens.

Muito já se descobriu nos séculos que registraram os esforços empíricos dos pesquisadores. Inúmeros paradigmas, ou os modelos referentes às primeiras explicações da vida e do Cosmos, foram sendo sucedidos por esclarecimentos de cunho científico mais avançado, o que definiu alguns períodos específicos da investigação humana.

Sob o ponto de vista da ciência, o primeiro paradigma surgiu com a *revolução copernicana,* que favoreceu ao homem a libertação do geocentrismo em que vivia enclausurado. A partir das idéias de Nicolau Copérnico (1473-1543), a Terra deixou de ser o centro do Universo, o que contrariou frontalmente, na época, a postura dogmática da tradição religiosa.

O segundo grande paradigma foi a *revolução cartesiana,* apresentada ao mundo através do pensamento de René Descartes (1596-1650). De acordo com as idéias do filósofo francês, o cosmos torna-se acessível à razão. A primazia da lógica e da análise permitiu ao homem o controle da ciência e da técnica, fazendo com que ele se transformasse no arquiteto de idéias que teriam condições de elaborar o mundo do futuro.

O terceiro modelo foi a *revolução darwiniana,* fundamentada nas pesquisas e estudos do naturalista britânico Charles Darwin (1809-1882). Por esta nova porta de entrada rumo ao progresso das idéias e da ciência, o homem foi reconduzido à natureza e liberto do antropocentrismo. No livro *A Origem das Espécies* (1859), o cientista foi o primeiro a coligir provas concretas, através de experimentação e observação, dos elementos teóricos que defendia sobre a evolução das espécies. Suas idéias foram desenvolvidas no livro seguinte, *A Linhagem do Homem,* lançado em 1871. Esta obra traça as linhas gerais da teoria de que o homem provém do mesmo grupo de animais que o chimpanzé e outros símios.

O quarto paradigma ainda está em curso e tem sido reconhecido pelos cientistas como a *revolução sistêmica,* que está trabalhando a possibilidade do homem reintegrar os conhecimentos, rearticulando-os como um todo coerente. A natureza diante da tecnologia, o sentimento em harmonia com a razão, o retorno da visão do homem como ser integral são algumas das idéias que têm ganhado força entre os cientistas.

Às portas do terceiro milênio, a comunidade dos estudiosos e pesquisadores já vê surgir no avançado horizonte das conjecturas científicas o quinto paradigma, chamado de *revolução simbiônica.* Trata-se de uma síntese analítica e sistêmica das ciências ditas complexas e da teoria do caos.

Os investigadores do saber acreditam que as ciências da complexidade devem desembocar numa visão unificada da natureza. São ramos de pesquisa que englobam a teoria geral da auto-organização e da dinâmica complexa da administração das sociedades. A revolução simbiônica permitirá traçar vias possíveis de evolução das comunidades humanas rumo ao nascimento do homem simbiótico, isto é, do ser que vai aprender a valorizar, em favor da própria sobrevivência, a vida em comum com os outros.

Os cientistas acreditam ainda que a evolução da humanidade permitirá uma interpretação racional e sensível do mundo. Há previsões de que novas instituições tecnológicas irão surgir, tais como as bioindústrias e as ecoindústrias, da mesma forma que novas disciplinas, como biótica, neobiologia, macrobiologia e bioinformática. Esses serão os instrumentos metodológicos e técnicos da revolução do terceiro milênio.[1]

•

Com relação à conquista espacial, o cenário da astronomia contemporânea encontra-se em mudança permanente. Depois que as sondas espaciais e os telescópios de grande alcance, como o Hubble, detectaram objetos celestes ainda não apreciados pala humanidade, difundiram-se resultados bem diferentes dos paradigmas preestabelecidos no campo da cosmologia e da evolução estelar, como, por exemplo, a descoberta de que algumas estrelas seriam mais velhas do que o próprio Universo, enigma que se opõe à atual história do cosmos e, em particular, à teoria do "Big-Bang", hipótese mais aceita para explicar a origem do todo.

Essas reflexões, utilizadas em um capítulo que pretende falar do Universo, visa mostrar que as hipóteses ou descobertas de caráter científico não podem ser entendidas como uma aquisição total do saber, mas sempre um fragmento do saber que tem o poder de impor uma reorganização de tudo que se conhecia antes da apresentação dos novos argumentos. Só a repetição sucessiva faz com que uma descoberta seja

---

1. Conforme opinião do astrônomo Ronaldo Rogério de Freitas Mourão, pesquisador-titular do Museu de Astronomia e Ciências Afins de São Paulo, em entrevista publicada no jornal "Folha de S. Paulo", no dia 29 de setembro de 1996.

considerada uma lei, e só a análise sistemática pode classificar um objeto como uma descoberta.

•

Como apreciadores da reflexão espírita, entendemos que o *homem religioso* é aquele que tem a disciplina necessária para acompanhar a evolução científica do mundo, mas que também traz em si o sentido interno da busca para além dos caminhos definidos por esse meio. É nessa hora que ele descobre o que a ciência ainda não conseguiu, por falta de instrumentos mais sutis de percepção.

Não há dúvida de que o Espiritismo, sob esse ângulo de estudo, representa uma verdadeira e grandiosa revolução nos campos filosófico, científico e religioso. Justamente por estar embasado em fundamentos que extrapolam os controles da ciência, a Doutrina tem sido criticada pelos que abominam a convivência harmônica entre a razão e a fé. Mas temos inúmeros motivos para crer que a visão espírita de mundo é o iluminado estatuto da humanidade futura, herdeira da regeneração, regimento esse que nos é apresentado hoje para que saibamos construir desde já as estradas que nos levarão até um amanhã mais seguro.

A verdade lógica da reencarnação, que se apreciada com os olhos da igualdade de direitos entre os homens, abre as portas para a noção perfeita de misericórdia e justiça divinas; a realidade da existência do espírito, intensamente comprovada por Allan Kardec através do método científico da experimentação mediúnica, são apenas dois dos inúmeros exemplos possíveis de ser citados, que o estudioso sincero e desapegado dos dogmas da ciência convencional pode descobrir e testar inúmeras vezes, comprovando a si mesmo a veracidade das postulações espíritas.

•

Voltando os olhos para o céu, já não guardamos mais as mesmas impressões de antes, de uma visão de mundo diminuída pelo pouco alcance de nossas indagações. Nossas perguntas são, agora, além de questionadoras da verdade, também emocionais. À medida que buscamos respostas, vão-se abrindo caminhos outrora desconhecidos, que nos convidam ao mergulho no infinito de nós mesmos, a fim de nos encontrarmos, lá onde o tempo escreveu nossas primeiras excursões pela vida, com a eternidade de Deus.

Nesse momento, em que estaremos entendendo a lógica do Amor que move o Universo, seremos puros e integralmente despertos, para que a grandeza incomensurável do Criador nos oferte novas e elevadas tarefas, compatíveis com nosso desejo de servir sem cessar em nome do Grande Bem.

A ETERNIDADE É MEU REINO

Dois quilômetros apenas de caminhada bastaram para que a mãe, o pai e o filho chegassem à beira da praia deserta. Distantes da agitação da cidade, os três seguiram tranqüilos pela areia, observando o bailado das ondas sobre a grandeza receptiva da costa. As águas traziam do oceano a mensagem de que a Natureza também desejava partilhar do diálogo a ser ali conduzido.

Com o painel do horizonte emoldurando o adeus do sol às horas poentes do dia, o jovem sentiu-se motivado a compreender algumas das razões que faziam com que o mundo fosse o que fosse e a vida se manifestasse da forma com que se apresenta aos sentidos das criaturas. Pai e mãe ali se encontravam para responder-lhe as dúvidas, vindas da intuição sadia que vibra em todo ser, quando deseja entender sua própria razão de existir.

Depois que o vento suave tocou de leve seus cabelos, ele mirou o escuro-claro do final de tarde e perguntou se aquilo tudo estava mergulhado na Eternidade; se estivesse, como definir a figura de Deus diante dela, para que ele, jovem interessado no saber, não confundisse o Criador com a criação.

O pai, atento às indagações do filho, refletiu nas limitações de seu próprio conhecimento, na dificuldade de traduzir em respostas claras a imensidão de fenômenos que circundam a idéia central do que seja a grandeza das Verdades Eternas. Buscando na própria Natureza a inspiração para a resposta, explicou que a Eternidade poderia ser entendida como a realidade cósmica que abrange e possui na sua totalidade a plenitude de uma vida sem limites, de tal forma que nada lhe escape do passado nem lhe falte do futuro.

Interessado em saber da mãe como se portar perante tão elevada conceituação, aprendeu com ela que a consciência do Eterno deve sempre se expressar, na vida do aprendiz, sob a forma de uma conduta respeitosa pelas forças da existência. A um pedido do jovem, a mãe acrescentou: — "Meu filho, saber não é tudo. Só o amor consegue vestir de grandeza a glória da vida. Nunca deixes de estudar amando. Não te esqueças de que a estrada real a ser trilhada rumo ao Reino da Paz é desenhada pelo Amor. As outras vias existentes são frutos das experiências que a Eterna Sabedoria, ainda por amor, definiu diante da permanente viagem das almas, para que o espírito humano não se envolvesse em trajetos sem sentido definido para a frente e para o alto."

Voltando-se ao pai, ele questionou se a Eternidade estaria sujeita às injunções do tempo, assim como a vida, que guarda em si um recanto para acolher o passado, um território onde se manifesta o presente e um amanhã por onde o futuro chegará. "A resposta não é simples", explicou o genitor. "Diante da antiga concepção de Eternidade, definida por filósofos do início do segundo milênio como um *eterno presente*[1], podemos entender que a idéia algemava o conceito a uma referência constante ao tempo, uma vez que o presente é uma parte dele e supõe a existência de passado e futuro."

"Vale a pena envolver-me com essas cogitações, mãe?" "Com certeza, filho, se isto significar mudança de propósitos em tua vida íntima. De ti mesmo depende a própria viagem em busca da sublimação pessoal. Durante a tua caminhada, porém, jamais te esqueças de amar. Logo ali, além das dúvidas comuns ao viajante imaturo, surge a estrada do destino, a te mostrar que na trajetória o único descanso possível é o que te fará refazer-se de energias abençoadas pela compaixão."

"E se os obstáculos se impuserem à minha fren-

---

1. A idéia foi exposta por Tomás de Aquino (1225-1274). Na visão do filósofo, as duas características fundamentais da noção de Eternidade são a ausência do princípio e do fim e a inexistência de um processo de sucessão pelo fato dela ser um eterno presente (*Suma Teológica*, I, q.10, a. 1,5). Outra definição importante acerca desse conceito surgiu na Filosofia Racionalista, através de Espinosa (1632-1677). Ele concebe a Eternidade como a essência da Verdade Eterna, mas que não pode explicar-se por meio da duração ou do tempo, ainda quando se conceba a duração sem princípio e sem fim.

te, somando-se aos meus próprios limites?" Atenta às perguntas do homem do futuro, a mãezinha acrescentou: "O único murmúrio vindo das sombras e que deve te tocar o coração são os gemidos das vítimas da ignorância e do mal; toda atenção para com eles, a fim de que os gritos enganadores do nevoeiro não te afastem da vigília da elevação."

•

As estrelas já brilhavam no céu da noite e os três continuavam a conversar sobre as infindáveis qualidades da existência, quando o rapaz indagou do pai se ele entendia a Eternidade como sinônimo de Intemporalidade, ou aquilo que tinha uma duração ilimitada no tempo. "Talvez aí comecemos a entrar no domínio do que venha a ser o Reino do Eterno. Se Deus desejou criar as inumeráveis formas de existir e ofertou-lhes a possibilidade da evolução a partir de um início comum na simplicidade, possivelmente estabeleceu na Eternidade a substância dos Céus onde o infinito das potências humanas pode se materializar."

O filho sorriu satisfeito, acreditando estar no pleno domínio das informações de que necessitava para vencer no mundo de maneira absoluta. A mãe, no entanto, consciente da tarefa de auxiliar na construção do ser integral, acrescentou as orientações que considerava cruciais para o nascer do homem novo. Disse-lhe, sem recuar à incerteza: "De agora em diante, a fraternidade ser-te-á o anjo-sentinela entre as trevas da amargura. Sentirás que, por entoares o poema da caridade em qualquer dos caminhos trilhados, as criaturas irmãs, ainda mesmo quando algemadas ao sofrimento, responder-te-ão com vibrações sinceras de simpatia. Guarda teus tesouros de bondade nos celeiros da compaixão e a paz ser-te-á doce prêmio, à medida que alimentares as almas famintas de repouso nestes tempos de fome espiritual."

Vendo que o filho olhava para as estrelas, sentindo o aroma de tudo que vibra em nome do Eterno Amor, concluiu: "Acima de tudo, vivencia a fé que deve retratar teu caráter, e guarda a certeza de que o amor se emoldura com perfeição na humildade que não fere ninguém. Por fim, esquece-te de ti mesmo em favor dos outros e a vida dar-te-á em troca os recursos sublimados, que poderás usufruir em quaisquer circunstâncias."

•

Diante do silêncio profundo da Natureza, pai, mãe e filho retornaram pensativos para casa. Na noite iluminada das aspirações perenes, outros ideais começaram a cantar suas melodias de delicadas sonoridades, na busca ininterrupta de novos ouvidos, de novos corações.

A IMORTALIDADE É MINHA VIDA

O operário levanta os olhos para o céu e respira com profundidade e alívio. Finalmente, mais uma obra está concluída. Quase dois anos de serviço e o edifício ganhou os contornos desejados pelos arquitetos, que acompanharam de perto a dura tarefa de elevação dos andares, tijolo por tijolo, degrau por degrau.

Solitário, o trabalhador tem a companhia apenas de sua marmita, onde guarda a comida fria preparada pela esposa na noite anterior. O suor do rosto indica-lhe o esforço empreendido para a concretização da tarefa. Os olhos observam a grandeza do azul celeste, e um misto de orgulho e sentimento de competência lhe domina a alma.

Sentindo-se convidado intimamente a agradecer a Deus pela obra encerrada junto com outros colegas, toma-se de surpresa: "Que sensação estranha! Estou com a impressão de que não sei mais orar", medita, assustado. A prece que os pais lhe ensinaram na infância ficou guardada nas páginas perdidas do esquecimento. Apenas alguns esboços de frases desconexas lhe chegam à memória, fazendo-o desistir do tentame.

Resolve, então, apreciar com outros olhos o trabalho encetado. As argamassas e a tinta branca cobrindo o reboque retiram totalmente a impressão de que por trás da beleza à vista está materializado o esforço de dezenas de homens rudes, que talvez em sua maioria nem saibam entender o real significado do que acabaram de erigir. Apenas fazem o suficiente para merecer o que, na visão dos patrões, corresponde ao esforço empreendido na execução.

Como que impelido a uma segunda leitura da realidade que se abria à sua frente, começa a enxergar a transitoriedade de tudo que é material. À medida que dá ao campo das formas seu sentido real, sente uma força desconhecida nascer por dentro das próprias indagações, levando-o a concluir que no extremo oposto ao da supervalorização das grandezas materiais encontra-se a soberana presença das cogitações de ordem espiritual.

Em rápida viagem do pensamento às ruínas do passado glorioso dos conquistadores de impérios, vislumbra a pompa dos museus e os restos das edificações que resistiram ao tempo. Em tudo não vê senão o resultado de históricos esforços dos homens para solidificar em obras a capacidade de pensar. Compara aquelas às construções do presente e nota que os envoltórios arcaicos ficaram a distância, dando passagem a formas modernas, provas reais do amadurecimento do espírito na busca de modelos renovados de expressão.

"Como as coisas da vida são transitórias", reflete. "Tudo passa. Os templos de pedra, os edifícios retocados pela elegância dos materiais de primeira classe, a minha casa de dois cômodos, onde tento viver com a mulher e três filhos." Envolvido pelas idéias que lhe invadiam descontroladamente o pensamento e prosseguindo na linha de reflexão com que se afinizou, volta os olhos para o próprio corpo, alquebrado pelas difíceis horas dedicadas ao labor pesado de operário.

Um estupor lhe domina a alma opressa. Ao sentir a energia pulsando por dentro dos condutos orgânicos que lhe vitalizam a existência, levanta-se de súbito, tomado de emoção que não consegue racionalizar. Não sabe se dirige os olhos à parede branca ou para as estrelas que começam a surgir no céu azul-escuro; no pequeno espaço em que se encontra, toca no próprio corpo, como que buscando sentir o que acabava de descobrir através de uma profunda intuição.

"Ora, se a transitoriedade da vida se manifesta em tudo que faz parte das obras da criação, por que não considerar que meu corpo também pertence a esse quadro de valores perecíveis? Nesse caso, como fica aquilo que os estudiosos chamam de alma... seria incluída também nesse quadro ou estaria a salvo do destino a que todas as coisas materiais chegam um dia, qual seja o fim e o declínio de suas formas?"

Surpreso pelo mergulho espontâneo que deu nas profundezas desconhecidas de si mesmo, define, amparado na lógica natural do bom senso, que o espírito consegue permanecer ativo na vida que estua ininterrupta diante da eternidade divina. Conclui que ele, operário, erigiu a obra material à sua frente, mas não foi o criador da alma que *é* em essência, pela qual sente a pulsação silenciosa de Deus.

Feliz e enlevado com a maravilhosa excursão ao interior da própria individualidade, o homem simples encanta-se com a descoberta de que, diferentemente de Deus, que é Eterno, ele, como filho do Pai, é imortal, ou seja, teve um começo mas nunca terá um fim, como ocorre com tudo que lhe veio à mente na reflexão desenvolvida.

Desviando por um momento o olhar de si mesmo, atenta para o terreno baldio e vê diversos pedaços de pau, que serviram como suporte para o andamento da edificação. De imediato, lembra-se de ter ouvido certa vez o ex-arcebispo de Olinda e Recife, D. Hélder Câmara, fazer um comentário, em um programa de televisão, sobre a importância dos andaimes nas construções. O sacerdote afirmara que "quando passássemos por uma obra recém-concluída, agradecêssemos a Deus pelo serviço terminado, mas não nos esquecêssemos de rogar pelos andaimes, porque é muito triste ter servido de apoio o tempo todo para a execução do trabalho e, na hora da festa de inauguração, ser deixado de lado como entulho".

Sorrindo intimamente pela coincidência de, assim como aquele material, também não ter sido convidado para o coquetel de abertura, o trabalhador guarda na mochila a marmita e olha pela última vez para aquele recanto onde descobrira uma face diferente de si mesmo. Levanta-se rumo à saída, levando consigo a certeza de que tudo o que ajudara a construir até então retornaria ao pó um dia, mas ele, enquanto espírito, fora abençoado por Deus com a herança divina da imortalidade.

A MENTE É MEU LAR

Essa era a casa dos sonhos do casal. Construída no decorrer de demorados anos, foi idealizada para receber os primeiros raios do sol da manhã e abrigar os últimos da tarde. À frente da grande varanda, os jardins terminavam no começo de pequena formação florestal, que não impedia a visão do horizonte, de onde as impressões saudáveis da natureza despertavam a todo instante agradáveis manifestações de respeito à sensibilidade do Construtor da Vida.

O andar superior do sobrado distribuía os quartos constantemente claros, a serem ocupados pelos filhos que haveriam de vir. Cada um dos recantos fora projetado para reverenciar a presença do ar puro e das árvores majestosas, todos com janelas largas, voltadas para a alegria de receber as mais delicadas formas de expressão da existência.

Em contraste, porém, com a beleza do lado que ficava de frente para o nascer do Sol, os dois recintos opostos da casa defrontavam-se com lodoso pântano, que distava alguns metros do muro; mesmo sem invadir os limites traçados pela cerca de concreto, o lugar não possuía a mesma expressão de harmonia e imponência do jardim frontal. Era como se não fosse possível definir-se ali o pleno encontro do equilíbrio das formas com a praticidade da obra realizada.

Caminhando calmamente pelo ambiente doméstico, o homem sente que forças desconhecidas vão lhe dominando aos poucos os sentidos. Olha para as paredes levantadas com pesado esforço, toca de leve as mãos nas vigas que sustentam o teto e admite que estranhas emoções lhe ocupam a alma. Assustado com as novas impressões, chama a esposa, a fim de lhe falar do momento diferente que está vivendo.

"Parece que estou em outro mundo", explica o marido. "Assim que entrei em nossa casa, agora para ficar, senti que uma voz silenciosa, que os ouvidos do corpo não estão aptos a escutar, solfejou uma canção diferente, pedindo-me que aproveitasse a oportunidade para penetrar no território desconhecido de mim mesmo. Que sabe você disso, meu amor?"

Atenta e desperta, a dedicada companheira comenta:

— Quem sabe, estejamos sendo lembrados que toda edificação levada a bom termo, no campo material, assemelha-se a recônditos esforços que vão moldando, no longo caminho das vidas sucessivas, a nossa casa íntima, repositório dos mais particulares desejos.

Estranhando a argumentação, o rapaz pede que ela explique que caminhos quer dar às idéias.

— É preciso definir os termos que vamos usar nessa conversa. Estou lhe falando de alma, de espírito, de funções superiores do intelecto. Não confundamos, para começar a entender esse assunto, a mente com o intelecto puro e simples. Os estudiosos da espiritualidade já explicaram devidamente que o centro da vida, o ponto de partida da essência espiritual, é o nascedouro de vibrações que vão se materializando aos poucos, à medida que se aproximam da expressão mais grosseira da individualidade, o corpo físico.

"Mas o que isso tem a ver com essa leve tontura que estou sentindo?", indagou o marido.

— Com a tontura, talvez nada, mas com a perspectiva da meditação, tudo, respondeu a mulher. Os pesquisadores explicaram que a meio caminho dessa gradação vibratória[1], encontra-se o que foi denominado "corpo mental", entendido como o envoltório sutil da mente. É nessa região que o perispírito estabelece seus alicerces. Ora, se estamos em nossa nova morada, igualmente estruturada em alicerces seguros e resistentes, é momento de transferir esse raciocínio para a via interior da compreensão íntima. Você é alma, e como tal, também traz fundamentos particulares de conteúdo espiritual.

---

1. Um livro que trata adequadamente do assunto é *Correlações Espírito-Matéria*, de Jorge Andréa. Publicação da Ed. Samos.

Sentindo-se mais confuso do que esclarecido, o esposo pede que a companheira prossiga com o raciocínio.

— Lembra quando lemos juntos, nos primeiros dias de nossa convivência, as páginas de livros elevados, que lhe marcaram pessoalmente o coração?, ela indaga.

— Sim, me recordo.

— Pois é, a partir do instante em que ouvimos as notícias do Evangelho, o mundo desmedido de nossas almas começou a se preparar para servir com grandeza e humildade no concerto da paz universal. Assim como os operários que aqui estiveram trabalhando, para nos entregar a casa no prazo previsto, estamos também oferecendo nossas mãos para erigir uma obra diferente, cujo Mestre, o responsável pela execução, nos respeita o desejo de produzir quando estivermos dispostos, sem deixar, no entanto, de nos convidar incessantemente à ação, através dos inesquecíveis exemplos de amor que podem ser assimilados na natureza.

Dando continuidade à lição do momento, a jovem ensina que "já aprendemos a lição evangélica do fermento, que tem a capacidade de levedar a massa toda, ainda que em pouca quantidade; ora, da mesma forma podemos fermentar as vidas paralelas que se misturam às nossas, através de sentimentos, palavras, atitudes e pensamentos, determinando verdadeiros moldes mentais para os que nos seguem ou não os passos".

— Observe atentamente nossa nova morada,

ela prossegue. Cada detalhe nasceu, antes, na página branca das idéias do arquiteto, que por sua vez nos ouviu as opiniões, a fim de não projetar uma residência que não fosse do agrado dos proprietários. Como os teus e meus pensamentos atuaram na mente do profissional, nossas emoções e palavras também geram impulsos e imagens nos corações e mentes de quem nos ouve e assimila.

— Acho que agora estou entendendo sua idéia, disse o marido. Depois do que você falou, sinto que eu e os trabalhadores que levantaram nossa casa formamos uma só equipe, agindo em relação de interdependência. E imagino também que minha casa mental recebe, tanto quanto oferto, a contribuição de todos com quem me afinizo, nesse imenso oceano de forças mentais em que as potências espirituais se expressam.

Satisfeita pelo entendimento do companheiro, a esposa acrescenta:

— Agora sim, começamos a nos entender, meu bem. E se você quiser, atente para outro detalhe importante: a presença do pântano próximo à obra; enquanto não for drenado, afasta um pouco o brilho da casa nova.

— Deixe-me ver se posso tentar uma compreensão, adianta-se o moço. Nosso lar nos dá valioso ensinamento, contendo em si a proximidade de dois ambientes opostos, um agradável e outro repelente. Caso abramos as janelas dos quartos dos fundos, sentiremos os odores correspondentes ao ambiente pantanoso. Mas se preferirmos abrir as da frente, receberemos o ar renovado da manhã, a nos trazer força e ânimo para as tarefas do dia.

Demonstrando que compreendeu o que a esposa queria destacar, acrescentou que "esse é o mesmo processo de nossa vida mental. Como todos trazemos um pouco de luz e sombra em nosso íntimo, também somos herdeiros de bons e maus ambientes pessoais. Para que a casa mental se purifique cada vez mais, é preciso visitar e conhecer com determinação os alicerces da inferioridade para transmutá-los em bases firmes da luz interior. Em nós está a decisão de optar pela beleza da mata ou pelo ônus da lama. Na melhor escolha está a definição de transformar o próprio caminho em abençoado manancial de serviço e dedicação".

Emocionada com o despertamento do companheiro, a mulher tomou-lhe as mãos e seguiu com ele a conhecer o novo lar. Muito teriam ainda por descobrir, até deixá-lo pronto para que ali viesse a permanecer o aroma inabalável da paz.

O CORAÇÃO É O MEU TEMPLO

A casa singela não consegue mais fechar as portas de madeira tosca, semidestruída pelos tiros que abalam a paz dos poucos moradores que resistiram à chegada da guerra. A pequena cidade, perdida entre as montanhas, é qual um retalho de roupa balançando presa ao varal, abandonada pelo dono às vésperas da partida apressada. Mal sobraram pedaços rotos para indicar que dali por diante será difícil a convivência entre a ventania e os tiros, entre a necessidade de partir e a saudade antecipada de tudo que teve de ser abandonado, em nome da sobrevivência.

Naquela pequena construção, mantida de pé pelo esforço nobre de um casal e dois filhos pequenos, o momento é de orar. Corações atentos à mensagem do dia, o pai abre as páginas do livro sagrado e unge de respeito os minutos em que vai compulsar os manuscritos da sabedoria espiritual. Lá fora, parece que os canhões compreendem a grandeza da hora e recolhem-se a um silêncio cúmplice.

A prece inicial do minúsculo banquete de luzes

faz o recinto transbordar de vibrações elevadas. A ação combinada do pensamento e da emoção é tão intensa que os finíssimos raios de penetrante ação elétrica não se acomodam nas paredes que delimitam a casa, mas abrem caminho pelo chão empoeirado das áreas próximas, atravessando lentamente os pequenos trechos de mata e penetrando com delicado respeito em distantes moradias, algumas abandonadas, outras com resistentes e sofridos homens, mulheres e crianças, à espera do recomeço dos bombardeios.

Enquanto os quatro mergulham com suavidade em dimensão superior, desconhecida pelos promotores de discórdias, o mundo prossegue sua difícil batalha para sobreviver à ação dos homens doentes. Na viagem a ambientes superiores, propiciada pelo hábito da prece, a família vai buscar alimento emocional para resistir à escassez de afeto provocada pelos difíceis tempos de conflito. Os tiros não somente matam pessoas, mas também a sementeira de promissoras realizações individuais e coletivas, empurrando a solução de compromissos assumidos no mundo espiritual para tempos indefinidos, ao desarticular a seqüência natural dos encadeamentos lógicos entre o homem e sua comunidade.

Mesmo diante da ambiência poluída, a prece abre fronteiras rumo à luz das altas paragens. Benfeitores espirituais abnegados acorrem ao chamado de seus amores, trazendo-lhes as bênçãos da Boa Nova.

Ali permanecem higienizando ambientes, curando enfermos necessitados que ainda não se desvencilharam de seus pertences e trazendo intuições divinas, para agigantar as reflexões do culto ao Bem em pleno lar.

As idéias fermentam na razão vigilante do homem simples. É que, assim como a porta não-fechada de sua casa, ele também deixa abertas outras passagens por dentro de si. O coração, por exemplo, é o recanto por onde flui o calor suave e generoso das boas impressões que ele guarda acerca da vida e das esperanças por tempos melhores. É o espaço interior propício a que se realize sua capacidade de acolher em plenitude a lei do Amor e suas manifestações.

O bom homem jamais deixa os sentimentos nobres entregues ao desânimo, e mesmo prejudicados pelo espocar dos tiros, seus ouvidos nunca deixam de ouvir a marcante sinfonia das possibilidades renovadas.

Antes de articular em palavras o desejo de recorrer ao Senhor da Vida, o ser desperto já inundou de forças suaves o templo do coração, que acabam por definir o sentido a ser tomado pelas rogativas realizadas. Por amor e desprendimento, ele pede antes pelos outros para depois lembrar-se de si mesmo. Reconhece na grandeza do Cosmo que se revela à sua pequenez a dimensão inefável do Criador, e acaba por agradecer a Ele a sagrada oportunidade de estar vivendo para colaborar na razão da existência de tantos que lhe habitam o mesmo teto.

Apesar do mundo em guerra, há homens que descobrem alguns oásis em meio aos desertos da indiferença. Eles sofrem tanto quanto os outros os horrores provocados pela insânia belicosa, mas descobrem, enfim, novos e superiores atalhos para sair do clima de conturbação geral. Escutam, por uma acústica que se confunde com a própria intimidade, o abrir de caminhos por dentro de si mesmos. Pela via do sentimento, entram no templo da paz e vão se alimentar de serenidade. Trazem consigo os pedidos de alento da humanidade sofredora, para levarem, na sagrada viagem de retorno, as prendas do Criador, a serem ofertadas a todos através dos atos generosos de um coração iluminado.

A VERDADE É MEU CULTO

Desde menino, ele trazia no caráter a serenidade como estado de alma para tomar decisões. Em plena algazarra com os coleguinhas da escola, se um se machucava enquanto brincavam, era ele o primeiro a buscar auxílio para o amigo, ora com os próprios recursos, ora chamando alguém para fazer o atendimento de emergência.

Ficou, dessa forma, marcado, na lembrança de quantos com ele conviveram, como um garoto de bom coração, sempre atento a colaborar com os parceiros nas horas difíceis da experiência escolar, fosse em um trabalho ou qualquer atividade pedagógica conjunta. Mente interessada em divertir-se, sempre procurava ocasiões para incluir outras pessoas em seus prazeres lúdicos; quando era sua vez de querer participar das brincadeiras dos outros, fazia de tudo para mostrar-se próximo, mas sem incomodar o senso de grupo das crianças, que poderiam afastá-lo por puro sentimento de acomodação.

Desde pequeno, buscava nos livros dos pais as

histórias de enredo atraente, com predileção especial para as que envolviam decisões dramáticas, através de personagens-chave que tinham a chance de interferir no destino dos outros. Envolvia-se com a trama, imaginava-se presente na hora dos acontecimentos, discutia intimamente com os protagonistas os argumentos que o autor colocara em suas falas.

Chegando com essas qualidades de espírito até o período da adolescência, chamou, certo dia, o pai e a mãe ao seu quarto e anunciou-lhes que havia resolvido o que fazer da vida profissional. Queria prestar vestibular para Direito, a fim de concorrer ao elevado posto de Juiz. Acreditava firmemente que nessa função poderia dar ouvidos equilibrados e sensatos às questões relativas aos crimes alheios, oferecendo, se necessário, a sentença justa da lei para a harmonia da convivência social.

Aprovado nos exames, estudou durante cinco anos normas e regras, penas e delitos, até receber o título de doutor. Imediatamente, prestou concurso e conquistou pelo próprio esforço uma vaga no Foro de sua cidade. A partir de agora, veria na prática se as longas e cansativas horas dedicadas ao estudo seriam mesmo testemunhas da conduta aplicada e nobre do jovem que dava os primeiros passos rumo à maturidade espiritual.

•

Aquele era um dia especial. Primeira causa a ser

julgada, primeira impressão de incômodo que lhe domina o coração. Por um instante, o juiz calouro pensa nas circunstâncias dos processos que lhe chegarão às mãos. Quantos culpados tentarão se ocultar da verdade através do verbo ardiloso da mentira; quantos inocentes poderão, em função de possíveis enganos, receber sentenças condenatórias imerecidas!

Vestido a rigor para compor um dos mais altos degraus da justiça na Terra, o recém-doutor aproveita o silêncio e a solidão de sua sala para orar. Eleva a alma e os olhos ao alto e lembra-se de Deus. Pela dinâmica interna da memória, vê passarem as lembranças de uma infância feliz e de uma adolescência repleta de paixões sadias. Sente saudades dos bons amigos e dos amores que cativou e, agradecido, pede amparo ao Senhor da Vida para os difíceis momentos que enfrentará dali por diante.

Com a sensibilidade aflorada pelo contato constante com a gentileza e a ponderação, escuta, vindo de níveis profundos de si mesmo, uma silenciosa voz interior, a lhe responder as mais graves dúvidas articuladas pela emoção indagadora.

Ao perguntar-se que tipo de poder teria dali por diante nas mãos, ouve que legislar sobre a verdade é uma das mais árduas missões a que os homens são convocados na Terra. Para se obter sucesso nesse labor, é preciso senso de equilíbrio e acendrado carinho pela noção correta do que os homens chamam de misericórdia e justiça.

— E como chegar a essa noção?, questiona-se.

— Através da sabedoria. O homem ainda encontra dificuldades para entender toda a grandeza da misericódia divina, nos processos de resgate e reajustamento. Enquanto manda criminosos para o cumprimento de penas cruéis, a Providência também corrige, só que pelos mecanismos ainda desconhecidos do amor. Não envia os réus a prisões infectas e malcheirosas. Determina somente que os comprometidos com a Lei da Harmonia Universal troquem a vestimenta carnal e voltem ao palco das atribulações humanas, a fim de se redimirem, uns frente aos outros.

— Mas esse é o dilema de quem trabalha com a lei: como definir o grau exato de culpabilidade ou de inocência de quem está diante do julgamento?

— Para a Lei de Deus, explica a voz íntima, nem sempre aquele que errou é um celerado, como nem sempre a vítima é pura e sincera. Deus não vê apenas a maldade que surge à superfície do escândalo; conhece o mecanismo sombrio de todas as circunstâncias que provocaram um crime.

— Nesse caso — volta a perguntar o nobre juiz — o algoz integral como a vítima integral nunca serão conhecidas dos homens?

— Exatamente. Contudo, o Pai identifica as necessidades de seus filhos e reúne-os, periodicamente, pelos laços de sangue ou na rede dos compromissos edificantes, a fim de que aprendam a lei do amor, entre as dificuldades e as dores do destino, com a bênção do esquecimento temporário.[1]

Atordoado com a visita inesperada dos próprios recursos evolutivos pessoais, desconhecidos conscientemente até então, ele volta a se perguntar até que ponto o contato diário com a verdade tem o poder de trabalhar o caráter do estudioso das leis. A voz inarticulada lhe responde que "o burilamento da alma está na razão direta da entrega do aprendiz à vivência do bem. A regra é converter em amor os ensinamentos nobres recebidos. Verdade somada com caridade significa evolução espiritual como resultante do esforço".

Consciente de que sem essa união de forças espirituais qualquer ser humano pode ser surpreendido por vigorosos obstáculos no caminho da sublimação, o juiz volta a questionar, perguntando se é possível realizar-se plenamente na Terra, no tocante ao compromisso pessoal com a tarefa de legislar sobre a liberdade alheia. Paciente e amiga, a consciência responde que "a realização total só é possível se tivermos vontade íntima suficiente para transformar, diariamente, a pequena parcela de verdade possuída por nós em amor aos semelhantes".[2]

— Explica-me, por fim, como deve ser o perfil

---

1. As primeiras respostas foram inspiradas na página intitulada "Vidas Sucessivas", de Emmanuel/F. C. Xavier, Cap. 110 do livro *Caminho, Verdade e Vida*, 9ª ed., FEB.

2. A resposta foi baseada na página "Seguir a Verdade", de Emmanuel/F. C. Xavier, Cap. 146 do livro *Pão Nosso*, 6ª ed., FEB.

de quem se vestiu do espírito da verdade, para que eu, em meus esforços pessoais de aprimoramento, não desvirtue a rota da conveniência dos fatos dos rumos que eles devem seguir.

Encerrando aquele diálogo-meditação, a sutil mensageira do silêncio asseverou:

— Todo aquele que descobre, em essência, o "Eu sou o Caminho e a Verdade" de Jesus, passa a absorver raios celestes de potências renovadas e começa a assimilar as experiências sob prismas diferentes; elege mais altos padrões de luta, descortina metas que o levam diretamente ao coração dos que sofrem e identifica-se com horizontes mais largos. O reino do sentimento sublimado passa a gravitar ao redor de novo centro vital, amigo da paz e da coragem de trabalhar pelo bem. E à medida que se vai desvencilhando das atrações da mentira, cada servidor penetra mais intensivamente na órbita da Verdade, que é a Pura Luz![3]

•

Impressionado com a precisão e coerência das explicações recebidas do mundo desconhecido das próprias capacidades, o doutor levanta-se, emocionado, e dá os primeiros passos rumo aos processos e sentenças, para iniciar a dura tarefa diária de viver o culto da verdade em favor da justiça... mas igualmente, agora, também da misericórdia.

---

3. A resposta foi fundamentada na página "A Verdade", de Emmanuel /F. C. Xavier, Cap. 175 do livro *Vinha de Luz*, 6ª ed., FEB.

O AMOR É A MINHA LEI

"É o Amor maior do que a moral?" Questão no ar, mentes em polvorosa. Os alunos do curso de Filosofia buscavam com grande interesse aquela aula, afinal o professor sempre tratava de temas que se relacionavam diretamente com o dia-a-dia dos aprendizes. Nada de reflexões inatingíveis, de mergulhos desnecessários no oceano do saber. Nos três encontros semanais, os debates de profundo valor para a prática existencial dos universitários definiam o interesse pela disciplina, bem como o prazer do mestre pela arte de ensinar.

Provocação apresentada, momento de entender as variáveis da idéia. Amor é o sentimento mais estudado pela inteligência humana. Milhares de livros foram escritos na tentativa de traduzi-lo em suas intrincadas nuanças de significação. Moral é o estado de conformação com normas e regras de bem-viver, conceito de árdua definição, posto que por vezes se encontra com a tradução simultânea do significado de ética.

Satisfeito por ter conseguido mobilizar o interesse da turma logo no início da aula, o professor sugeriu caminhos para a madureza do debate, ao comentar quais pensadores já haviam cogitado do assunto em indagações cultuadas há milênios. De início, trouxe ao centro da questão as doutrinas éticas elaboradas por Platão, na *República* e em o *Filebo*. A exposta na *República* é uma ética das virtudes, determinada pela natureza da alma e concebida para abarcar também a ética da convivência coletiva. Já no *Filebo*, o bem é definido como forma de vida mista de inteligência e de prazer; a ética consistiria precisamente em determinar a medida equilibrada dessa mistura.

Depois de viajar também pelo pensamento aristotélico e estóico, o mestre relembrou a posição do misticismo neoplatônico acerca do tema, que é a de definir como fim da conduta humana o retorno do homem ao seu princípio criador e o identificar-se com ele; em outras palavras, seria um distanciar-se das coisas exteriores em busca da unidade com o Divino.

— Isso está me parecendo com o pensamento dos filósofos de Cambridge[1], asseverou um estudante.

— Exato, só que com uma característica peculiar a esses pensadores modernos — completou o

---

1. Pensadores que viveram no século XVII e que desenvolveram uma reflexão com características da filosofia neoplatônica. O interesse desses filósofos era defender a síntese entre razão e Cristianismo. Os representantes mais destacados foram Herbert de Cherbury (1583-1648), Ralph Cudworth (1617-1688) e Henry Moore (1614-1687).

professor. Eles retomam a concepção estóica de uma *ordem do universo* que vale também para dirigir a conduta do homem; as idéias morais, dessa forma, seriam inatas no ser, já que eles estariam condicionados a leis comuns de convivência entre si, com os animais e todas as outras expressões de vida.

•

Sentado um pouco mais ao fundo da sala, um jovem aprendiz vai assimilando as oportunas afirmações em silêncio. Quer aprender; para isso, escuta com atenção, esperando a hora exata de colaborar com o debate. Trouxe de casa alguns livros, e à medida que os colegas vão argumentando, ele recorre a páginas que lhe servem de apoio para melhor compreender o encaminhamento do raciocínio.

Um amigo mais objetivo retoma a primeira idéia e volta a questionar se o amor é ou não maior do que a moral. Depois de opiniões calorosas a favor e contra a interrogação, um aluno se levanta e diz:

— Confesso que estou completamente confuso. Até agora, acreditava que o amor fosse algo próximo da confluência entre fazer o que se faz, depois o que se deve fazer e, por fim, fazer o que se quer, por puro impulso emocional. Estou muito pragmático, professor?

A dúvida foi devolvida pelo mestre à própria turma, bem ao estilo socrático de educar, em que ninguém educa ninguém, e todos se educam quando na partilha de conhecimentos. Foi quando o jovem atento pediu permissão para expor o que supunha do assunto.

Logo de início, ele afirmou que o amor é sentimento tão sublime que, na vivência de seu infinito panorama de realizações, acaba por consumar a moral, libertando o homem da necessidade dela. "Somente quem ama não precisa mais agir como se amasse", afirmou, despertando a atenção de quem o ouvia.

— Explique-se melhor — pediu o professor, impressionado pela profundidade da argumentação apresentada.

— Esse é o espírito do Evangelho do Cristo — esclareceu o aprendiz. Quando Jesus sugere, com inesquecível autoridade moral, que os homens se amassem uns aos outros, não veio abolir a Lei, como imaginou erradamente Nietzche, mas sim libertar o homem dela, conforme entendeu Espinosa. O pensador holandês foi ainda mais longe, ao perceber que dentro da alma da frase "Não vim destruir a Lei, mas cumpri-la", Jesus preocupou-se sobretudo em consumar uma nova ordem de vivências, consentâneas com padrões absolutamente novos de interação humana.

Concentrado nos argumentos apresentados, ele prosseguiu:

— Vendo o Cristo insculpindo no fundo dos corações sua proposta revolucionária de viver, torna-se possível entender que a moral é um simulacro do amor, pelo qual o amor, que dela nos liberta, se torna possível.

Assustado com o que acabava de ouvir, o vizinho perguntou:

— Você está querendo afirmar então que não precisamos da moral?!

— Não — corrigiu o rapaz. A moral é necessária porque nos faz passar de situações de polidez para atitudes próximas do amor. Ela é o começo de nossos primeiros desejos em amar o próprio amor, se é que ao afirmar isso não estarei confundindo ainda mais sua cabeça.

— Continue, por favor — solicita o orientador.

— Só precisamos de moral enquanto estivermos em falta de amor. Assim que o homem aprender a amar, não vai mais precisar se prender a normas e regras de conduta conscientemente estabelecidas, porque o amor verdadeiro está acima de tudo isso. Ele sintoniza o ser com a ordem universal citada pelos neoplatônicos, que posiciona cada um como herdeiro de suas próprias obras, necessitado, portanto, de dar ao outro tudo que para si signifique libertação e felicidade. Se o amor não fosse anterior à moral, o que saberíamos da moral? E o que ela nos tem a propor de melhor a não ser o próprio amor do qual ela vem?

Sentindo que alguns colegas começavam a se desinteressar da conversa, o professor pediu que o aluno desse um exemplo mais objetivo, a fim de clarear o raciocínio.

— Lembram-se quando Jesus indagou do apóstolo Pedro se este O amava? O próprio discípulo, ouvindo o Mestre repetir-lhe três vezes a mesma pergunta, entristecera, supondo que o Senhor suspeitasse de seus sentimentos íntimos. O ensinamento em torno dessa passagem é profundo. Jesus não veio até Simão Pedro perguntar-lhe sobre o que imaginava de melhor para o reino de Deus; não quis saber se o pescador tinha conhecimentos deste ou daquele assunto para merecer posto tão elevado; não veio, enfim, reclamar qualquer compromisso formal. Pretendeu tão-somente saber se aquele rude homem O amava, deixando perceber que, com o amor, as demais dificuldades se resolvem.

Ao notar que a idéia começava a se fixar nas mentes dos parceiros de disciplina escolar, o estudioso concluiu:

— Se o discípulo possui suficiente provisão dessa essência divina, a tarefa mais dura converte-se em apostolado de bênçãos promissoras.[2]

Incomodados com a repentina apresentação de abordagens de cunho religioso em plena aula de antropologia filosófica, os alunos não sabiam como

---

2. A resposta do aluno referente ao apóstolo Pedro foi inspirada na página "Amas o bastante?", de Emmanuel/F. C. Xavier, Cap. 97 do livro *Caminho, Verdade e Vida*, 9ª ed., FEB, pág. 209.

contra-argumentar, diante de tão profundas afirmativas. O rapaz, entretanto, em silêncio, observava tranqüilamente os amigos em polvorosa mental. Ele estava convicto de que aquela aula havia sido a oportunidade de desmistificar a figura de Jesus diante da pretensa sabedoria filosófica. Para ele, mais importante agora era saber que todas as conquistas intelectuais valem muito e que todas as indagações são louváveis, mas em verdade o ser humano só será efetivo e eficiente cooperador do Cristo se tiver amor.

A FORMA EM SI É MINHA MANIFESTAÇÃO

Cenário um: Na casa mergulhada em dores e tristezas, a família chora a morte da mãe, Maria Magdalena. Em pé, como que a meditar sobre os sacrifícios que o futuro trará àquele lar, está o filho mais velho, Ludwig van Beethoven, então com 18 anos, em 1788. Ele sabe que terá de arcar com as tarefas mais pesadas do lar. O pai, Johann, está mergulhado no vício do alcoolismo, e há muito já não assume as tarefas de que deveria se desincumbir.

Cenário dois: A idade avançada e as trágicas experiências junto à dor fizeram daquele mestre da pintura um homem rude. À medida que foi amadurecendo na arte e na vida, Rembrandt transferiu para os quadros as vivências dolorosas obtidas dentro do lar — a morte dos filhos, a morte da esposa, a convivência com a solidão. Os auto-retratos (consta que foram feitos mais de 100), que valeram como sua autobiografia, acabaram recebendo os caracteres do recolhimento e da profundidade. De uma certa forma, sua popularidade como pintor diminuiu, em função do afastamento dos modelos fáceis e vendáveis de se elaborar uma pintura.

Dois ambientes diversos, dois modos de enfrentar a rude tarefa de viver. Essas informações, aparentemente deslocadas do contexto da reflexão, são fundamentais para se entender o processo de *construção da forma* que cada um adotou.

•

Beethoven nasceu em dezembro de 1770 em Bonn, Alemanha. Desde pequeno, enfrentou as complicações familiares que o vício da bebida pôde causar. Sua avó passou os últimos anos de vida em um convento próximo a Bonn, tentando se livrar do alcoolismo. Seu pai trouxe o problema para dentro do lar, além de tentar incutir em todos que o filho era um virtuose do piano, tal como fora Mozart, logo aos 6 anos de idade.

Obrigava-o a estudar horas por dia, contratava salões para as apresentações do menino, exigia reconhecimento dos críticos, mas a constatação veio rápida: Beethoven não era um novo Mozart. Seu talento e genialidade explodiriam bem mais tarde, depois de anos de convivência com as necessidades do corpo e da alma.[1]

O mestre do período clássico-romântico da mú-

---

1. LEUCHTER, E. *Beethoven.* Buenos Aires. Ricordi Americana, 1963.

sica erudita não chegou a se casar, embora o desejasse ardentemente. Mas, apesar de todos os contratempos que enfrentou, como é fantástica a obra que foi capaz de criar! As palavras de seu biógrafo definem bem essa característica: "Não existe ponto algum de Beethoven, em que uma evolução pronunciada ou uma transformação dos estilos musicais se realize, que não seja também o ponto em que ocorre uma equivalente evolução espiritual." Em outras palavras: a alma é o campo de cultivo, enquanto a dor é a terra dura, que precisa ser ferida e adubada para tornar-se fértil; e a sensibilidade é a semente que carrega o potencial da frutificação. Nesse labor, o ser evolui e contagia o crescimento dos outros. O reverso também vale. A mudança do outro, da outra pessoa, é também a transformação de nós mesmos.

Em Rembrandt, o maior artista holandês, a vida também talhou formas rígidas de caráter, com base no sofrimento. Nascido em Leiden em julho de 1606, desde novo o pintor encontrou nas paisagens, nas cenas da vida cotidiana e nos animais seus temas prediletos. Sua vastíssima obra (cerca de 600 pinturas, 300 gravuras e 1.400 desenhos) incluiu ainda assuntos históricos e mitológicos e trabalhos inspirados em relatos extraídos do Velho e do Novo Testamentos.

Os biógrafos afirmam que sua reputação baseou-se no poder de relatar uma história, em sua calorosa compaixão e na capacidade para revelar os sentimentos mais guardados das pessoas que retratava. Sua combinação de luz e de sombra permite inferir quanto a esse imenso talento para mergulhar no mundo íntimo dos outros. Afirmam os textos que poucos artistas podem ser comparados ao seu gênio para mostrar o aspecto humano dos personagens bíblicos. Por conta dessa aptidão, sempre foi muito feliz na forma de expressar a centelha divina que habita cada ser humano .

Quando jovem, Rembrandt vendia muito. Seus quadros eram populares. À medida que foi envelhecendo, o teor das pinturas foi mudando, ganhando uma qualidade mais sombria e profunda. Os auto-retratos foram ficando mais trágicos, e seu sucesso diminuiu. Morreu só e pobre, em 1669, considerado pela maioria um fracasso. Hoje, quase todos os estudiosos da arte vêem nele o maior mestre de seu tempo, e isso também pela mesma razão percebida em Beethoven: a transformação de si próprio e de sua arte andaram de mãos dadas pela vida.

•

Os grandes criadores foram as mais fortes vozes da humanidade, quanto ao chamamento à descoberta das riquezas interiores que todo ser humano tem. Conforme pensa Rollo May[2], a capacidade de criar, tal como os dois mestres aqui estudados demonstraram, é justamente a aptidão para *encontrar forma no*

---

2. MAY, R. *Minha Busca da Beleza.* Petrópolis, Vozes, 1992.

caos, dar forma à informidade, revelar ao modelo original a gama de feitios de que ele pode revestir-se.

O Universo de Deus tem uma forma. Ela está presente no bailado dos planetas em torno de forças que os mantêm maravilhosamente harmônicos, em sustento das inúmeras configurações de vida que neles se manifestam. Está presente nas curvas e no ritmo equilibrado de nossos corpos. Manifesta-se no desenho energético da alma, aberta à evolução e à conquista de modelos renovados de iluminação interior.

A forma de que falamos está presente também em nossa capacidade de ver o mundo e suas forças naturais. A montanha, a floresta, o rio, a terra, tudo vem a se misturar com nossa maneira de assimilar a vida, conforme considera Léon Denis, em seu belíssimo livro *O Grande Enigma* (Ed. FEB). Formamos e reformamos, a nós e ao mundo, na medida em que nos descobrimos e o apreendemos. Ter a capacidade de fazer isso é uma das maneiras de estar ativos com criatividade e autonomia.

A forma é o modelo, a veste com que se define a idéia, a obra, o pensamento, o sentimento. É o oposto do caos. É a estrutura sobre a qual vamos definindo as cores de nossos caminhos. Se serão iluminados ou obscuros, alegres ou tristes, amorosos ou indiferentes. Nela estabelecemos nossa coragem, nosso caráter, nossa integridade, em processo de educação das forças instintivas que não querem freios à manifestação.

Formas múltiplas para diferentes conteúdos. Às vezes, um sentimento cabe melhor se traduzido em um soneto; outras vezes, através de um beijo, ou de uma prece. O que importa é a capacidade de buscar, com originalidade, essa gama de opções para vestir com mais qualidade e grandeza a própria vida.

Em certos momentos, a emoção chega com tanta força, tomando como que de surpresa o seu espaço, que fica difícil encontrar um modelo adequado de expressão. Mas a vida é justamente a chance de afinar-se com a candura da descoberta dos caminhos íntimos. É preciso, em favor do amadurecimento, canalizar o sentimento para a forma mais adequada de expressá-lo.

Um livro, por exemplo, como esse, nasce do contato constante do escritor com o turbilhão das idéias desencontradas, que pedem ordenação lógica e filtros específicos para se materializarem no papel.

Esse já foi, também, o dilema dos primeiros pensadores de nosso tempo. Eles queriam descobrir, por exemplo, qual era a substância original do Universo, da qual todas as outras coisas foram feitas. Pensaram no ar, no fogo, no éter, na água, mas a cada tentativa deparavam-se com uma outra dúvida: *de que* esse elemento foi formado? A resposta veio através da genialidade de Pitágoras. Para ele, o elemento fundamental não era a substância, mas sim a *forma* com que as coisas da natureza se relacionam entre si.

Platão entendia que a realidade efetiva não estava na força material das obras do mundo, mas sim na matriz dessas construções, que existiam com toda sua pujança no *mundo das idéias,* que não é mais do que a *forma* original das formas essenciais, ou seja, o mundo espiritual, que hoje conhecemos com muito mais intimidade, por causa de Allan Kardec e das obras subsidiárias às da Codificação, tais como as dos Espíritos André Luiz e Manoel Philomeno de Miranda.

•

O livro do Gênesis mostra o momento em que Deus dá forma à Sua manifestação. O capítulo 1 afirma que a terra era sem forma e vazia e havia trevas sobre a face do abismo. O Criador elaborou, então, os céus e a terra, definindo o perfil de Seu permanente criar. Primeiro veio a luz, depois o firmamento, as águas, as matas. Essa capacidade de separar, ajuntar e remodelar é um dos elementos basilares que compõem a essência da forma.

•

Assim como o Pai, estamos também às voltas com novos caminhos a seguir, novas obras a encetar. O homem consciente *destrói* mundos velhos em favor do novo, melhor e mais avançado. *Reconstrói* relacionamentos, em favor do resgate de dívidas do passado, mas sempre com o pensamento no ideal de aprimorar-se, rumo à felicidade plena. *Repensa* condutas equivocadas, em favor de um aprofundamento na sintonia com a Luz. Tal como orienta André Luiz, "cada consciência, à medida que se aperfeiçoa e se santifica, aprimora em si qualidades do Pai Celestial, harmonizando-se gradativamente com a Lei".[3]

Dar forma ao novo homem — melhor, mais fraterno, tolerante, solidário: eis a manifestação ideal a ser cumprida.

---

3. XAVIER, F. C. /André Luiz (Espírito). *Entre a Terra e o Céu.* Rio, FEB.

A CONSCIÊNCIA É MEU GUIA

De todos os locais da Instituição de socorro espiritual para onde fora levado, aquele recanto era o que mais lhe trazia bem-estar. Rodeado por pequeno grupo de árvores, o lugar, todo coberto pela folhagem que se encontrava no alto dos galhos frondosos, formava como que um pátio de largas proporções, que servia para o descanso dos moradores daquele agrupamento.

Para ele, era grave a razão de sempre estar por ali. Recém-desencarnado, seu desejo era vestir as horas do dia com a preparação para momentos cruciais em sua vida, que ele sentia que em breve iriam acontecer, em função de determinados fatos que lhe marcaram a precedente encarnação.

Assim que começava a meditar, sentimentos desencontrados dominavam-lhe a alma. Ora sentia-se num misto de apreensão e angústia, por recordar-se vivamente de alguns momentos em que foi infeliz na escolha de certos caminhos na existência, ora ocupava o íntimo com a lembrança de atitudes felizes que tomara, e que, veio a descobrir depois, beneficiara a incontáveis pessoas, pela natural característica que um gesto de bondade possui, que é o de alcançar horizontes muito mais amplos do que nossas limitadas reflexões podem supor.

Assim que retornara ao plano dos desencarnados, fora como que "adotado" por um amigo, que lhe observava atentamente os passos e amparava-o diante das dificuldades naturais dos recém-chegados à realidade plena das forças espirituais. Companheiro carinhoso, sempre lhe ofertava o ombro compreensivo para que ele extravasasse suas inseguranças, que caracterizam o espírito que, enquanto no mundo, optou por não comprometer-se com causas mais nobres.

— Quanto tempo desperdiçado — pensava.

— Não conduza suas idéias por esse rumo — redargüia o colega. As lições do passado são a estrutura para saltos mais firmes rumo a tarefas mais elevadas, na vida de todos nós. Quem já não errou clamorosamente, e agora refez-se do remorso partindo rumo à reconstrução interior? Observando a paciência amorosa do parceiro de diálogos, ele acrescentou:

— Como é bom tê-lo ao meu lado... mas não sei, parece que de dentro de mim nasce uma emoção de desconforto com o já feito, com a certeza de que o balanço final de minha encarnação recém-encerrada não me autoriza a sentir nada que seja diferente de uma cobrança interna. É um pedido silencioso de meu próprio ser, requerendo-me a companhia da solidão temporária para que eu me refaça, a fim de preparar-me para a retomada dos passos em direção a um estágio melhor.

O confidente sugeriu, com o sentimento de quem já havia experienciado semelhante momento, que os dois fossem, logo mais à noite, assistir a palestra de um jovem instrutor espiritual, que falaria justamente sobre a consciência e suas sutilezas de manifestação. Convite aceito, cada um tratou de se preparar para assimilar novos conhecimentos sob o ponto de vista da espiritualidade superior.

•

O teatro, singularmente disposto em forma de arena ao ar livre, deixava os assistentes com a dupla sensação de bem-estar, primeiro por saberem que acompanhariam a explanação de um companheiro de lutas, muito embora em estágio mais avançado de conhecimentos e de conquistas pessoais, e segundo porque estariam acompanhados pelo cortejo de estrelas que iluminavam a beleza da noite.

Assim que o jovem Espírito posicionou-se à frente do tablado, todos lhe dirigiram a atenção. Tomado de profunda inspiração, rogou a Deus que o amparasse no estudo da hora e começou, explicando que felizes eram todos os que chegaram ao estágio de se sentir incomodados com a própria consciência. A felicidade a que se referia, explicou, era a dos que não se encontravam mais satisfeitos com os parcos alimentos que a rotina dos desejos humanos sugeria-lhes diariamente.

— A consciência — prosseguiu o orador — surge em meio a esse panorama de hábitos imediatistas e viciosos para ocupar o espaço que lhe é de direito. Descobrir-se consciente é uma forma do ser conhecer-se de modo pleno e privilegiado e por isso julgar-se de forma segura e infalível, através do costume de manter um diálogo interior consigo mesmo.

Observando que tinha conquistado a simpatia dos ouvintes, o instrutor prosseguiu:

— Diante das filosofias que assumiram como tema o contraste entre *interioridade* e *exterioridade*, o homem sábio era definido como o que se habituava a recolher-se em si mesmo, a fim de inserir-se no mundo com o conhecimento dos valores íntimos que lhe moviam as atitudes. O que ele sempre deveria fazer, segundo Plotino, era *olhar dentro*.

Junto a um público de mais de 100 assistentes, e antes que formulasse mentalmente a dúvida do que seria essa visão interior, o novato nas questões da espiritualidade ouviu a explicação do pregador, que esclareceu que esse *dentro* na visão do filósofo neoplatônico (que viveu de 205 a 270 d.C.) significava a procura do Belo inteligível, atrás do qual está o próprio Bem, isto é, Deus.

— É preciso *voltar a si mesmo* e tornar-se aquilo que se quer olhar — considerou com autoridade moral o orador da noite. Jamais um olho verá um sol sem tornar-se semelhante ao sol, nem uma alma verá o Belo sem tornar-se bela; por isso Plotino afirmava que *torne-se semelhante a Deus e belo quem quer contemplar Deus e a beleza*, concluiu o orador.

Fortemente envolvido por aquelas afirmações, o desencarnado voltou-se para as próprias necessidades de auto-sustentação, no que ouviu, de imediato, como se tivesse tido a mente lida pelo expositor, que "a segurança pessoal é fruto de longos esforços na prática diária do desejo de se melhorar... e só quem sabe sacrificar-se por amor encontra a segurança inabalável".

Impressionado pela resposta que recebeu à formulação da própria dúvida, voltou a questionar-se intimamente sobre quais seriam os alicerces da segurança, no que ouviu, minutos depois, na fala do professor:

— A solidificação de nossas certezas no campo do bem está no trabalho incessante, malgrado nossas inúmeras deficiências, e na descoberta paulatina da sensibilidade, que vai ampliando aos poucos o contato do homem com o mundo em todas as suas manifestações.

— Não podemos nos esquecer também — lembrou ainda o orador — que a paz decorre da quitação de nossa consciência para com as exigências da vida, e o trabalho atua na base do edifício de nosso equilíbrio.

Encerrando a palestra, o benfeitor fez questão de pedir uma última lembrança aos inúmeros presentes:

— Diante da pauta de realizações que nos cabe executar em favor de nossa paz interior, não combina com nossos desejos mais imediatos a vontade de sossegar em plena batalha. Sem luta, sem esforço, sem trabalho, sem problemas, ninguém que se encontre no estágio atual da Terra conseguirá atingir vitórias fundamentais em favor da evolução pessoal.

•

A palestra chegara ao fim. Profundamente tocado pelo que acabara de ouvir, o rapaz, lado a lado com o amigo, voltou para o local onde se encontrava em recuperação, guardando na mente as últimas palavras do orientador: "Só é possível preservar algum patrimônio precioso vigiando-o atentamente. No caso da consciência, transformá-la no guia natural de nossos passos é a forma mais direta de deixá-la vibrante junto de nós, direcionando-nos os caminhos rumo à libertação final."

A PAZ É MEU ABRIGO

Bombaim é a maior cidade da Índia e uma das maiores do mundo. Tem atualmente cerca de 10 milhões de habitantes e é o principal porto marítimo do país desde o século XVIII. O imenso arco denominado "portão da Índia", de notável beleza histórica, existente na cidade, contrasta com a miséria de grande parte da população, que sofre as dificuldades impostas pela pobreza aliada à superpopulação.

A segunda década do século XX foi marcante para a história do município e da região, que fica ao largo da costa oeste indiana. No dia 10 de março de 1922, Mohandas Karamchand Gandhi, então com 53 anos, foi preso sob a acusação de incentivar a agitação popular. O ex-advogado, na época trabalhando com a fiação e tecelagem manuais, editava um semanário, o *Young India*, no qual teria publicado, de acordo com a acusação, três artigos promovendo a perturbação da ordem pública.

Venerado pelo povo de seu país como um mahatma, ou "grande alma", Gandhi permaneceu amadurecendo dentro da prisão a proposta de conduta pacífica diante da violência do domínio imperialista britânico, a que denominou *Satyagraha.* Na verdade, esse método de comportamento baseava-se nos princípios da coragem, da não-violência e da verdade. Quando moço, o mahatma conseguiu superar o medo que havia nele mesmo e ensinou os outros a dominá-lo também, o que deu início a essa filosofia de vida, que lhe norteou os passos durante toda a existência.

Gandhi permaneceu na prisão até meados de 1924; ao todo, ele ficou preso, em períodos diferentes, durante 7 dos 78 anos que teve de vida. Um dia, como tantos em que passou na escuridão da cela imunda, enquanto consolidava em si as meditações que o levavam à certeza da não-violência, os autores do pedido de prisão vieram interrogá-lo, acerca das convicções que o transformavam em um rebelde, ainda que adorado pelo povo.

"Explica-nos o ideal que o senhor defende para que seu povo chegue à paz", questionou o primeiro advogado. Gandhi respondeu:

— O caminho da paz é o caminho da verdade. Ser honesto é ainda mais importante do que ser pacífico. A mentira é a mãe da violência. *Um homem sincero não pode permanecer violento por muito tempo.* Ele vai perceber, no curso de sua busca, que não há necessidade disso, como vai descobrir também que enquanto houver nele o menor vestígio de violência não conseguirá encontrar a verdade que está procurando.

— "Mas como evitar isso, uma vez que todos os investimentos das nações poderosas são exatamente em armamentos pesados?"

— Se não houvesse ganância — respondeu Gandhi — não haveria oportunidade para os armamentos. O princípio da não-violência exige uma completa abstenção da exploração por qualquer forma. Assim que o espírito de exploração desaparecer, os armamentos serão sentidos como um fardo insuportável. O verdadeiro desarmamento só vai ocorrer quando as nações do mundo deixarem de explorar umas às outras.

Incomodados com as respostas seguras do homem franzino que ali se postava com dignidade, os advogados começaram a se impacientar com a riqueza de argumentos apresentados. Gandhi, sentindo a mudança do humor no ambiente, falou com tranqüilidade:

— No momento em que vivemos, embora o credo nacional seja de não-violência, parecemos estar descambando para a violência. *A impaciência impregna toda a atmosfera.* Estamo-nos abstendo da agressão somente por causa de nossa fraqueza. O que queremos é uma renúncia deliberada da violência, o que vai ocorrer quando compreendermos que, apesar da aparente supremacia dos violentos estados de ânimo, é a força moral que governa o universo. Só assim para nos dedicarmos à paz com uma fé total em suas possibilidades ilimitadas.

Na tentativa desesperada de manterem o controle emocional da situação, os indagadores perguntaram, então, qual deveria ser o perfil do homem pacífico, ao que o prisioneiro respondeu:

— O mensageiro da harmonia deve ter uma fé intensa na paz, e isso é impossível sem uma fé profunda em Deus. Se não for pelo amor que sente pelo Criador, ele não terá a coragem de morrer sem raiva, sem medo e sem retaliação. Essa coragem provém da convicção de que Deus habita nos corações de todos nós e de que não deve haver medo na presença dEle.

Prosseguindo em sua fala, ele acrescentou:

— O tarefeiro da paz deve ter igual consideração por todas as religiões do mundo, além de sustentar um caráter irrepreensível e ser conhecido por sua rigorosa imparcialidade. De um modo geral, onde ele sentir que pode haver uma tempestade iminente, não vai esperar que a conflagração se torne um fato concreto. Tentará resolver o problema antecipadamente. Por fim, o homem de bem procurará ter tempo de folga suficiente para cultivar relações amistosas com as pessoas, a fim de contagiá-las com o sentimento da pacificação.

•

Fim da palestra, os homens deixaram a cadeia,

mantendo lá, por mais algum tempo, o tecelão. Sob o abrigo da paz interior, Gandhi seguiu orando, na convicção de que a não-violência exigia-lhe vigilância integral das emoções, a fim de que se tornasse possível conjugar, ao mesmo tempo, a coragem de se autodescobrir e a força moral de agir pacificamente, em favor da libertação de seu povo.

Nota do Autor — As respostas de Gandhi foram inspiradas no livro *As Palavras de Gandhi,* uma coletânea de textos selecionada por Richard Attenborough, diretor do filme sobre a vida do Mahatma. Ed. Record, 8ª edição, 1982.

A EXPERIÊNCIA É MINHA ESCOLA

A sala ainda estava com as carteiras vazias. Alunos em algazarra aguardavam a chegada do professor de Desenho. A metodologia adotada para aquele tipo de aula era a razão principal do sucesso das atividades relacionadas à matéria, sempre dentro de uma abordagem diferente, que surpreendia o aluno pela novidade do tema e pela criatividade do mestre.

Desde o início da carreira no magistério, ele buscou na originalidade a forma mais adequada de ensinar. As aulas que ministrava eram disputadas não só pelos alunos, mas também por funcionários e diretores, que sempre encontravam alguns minutos de folga para sentarem, no fundo da sala, a fim de aprender um tanto mais com o agora já experiente professor. Naquele dia, não só o amigo da sabedoria encontrava-se aflito, mas também todos os que se preocupavam com a saúde de uma colega, igualmente professora, internada dias antes com graves problemas orgânicos. No hospital, os médicos aplicavam todos os recursos disponíveis, mas as condições da doente já estavam precárias. A jovem mulher, mãe de duas crianças, perdia rapidamente a resistência, deixando fluir os últimos liames de vida.

Assim que chegou à sala, o amigo dos alunos não conseguiu ocultar a preocupação que sentia pelos familiares da colega de profissão. Debateu com os presentes os conceitos de saúde e doença, bem-estar e desesperança, e encerrou as atividades para se dedicar mais intimamente aos parentes da professora enferma.

Na madrugada seguinte, a mulher sentiu chegar o instante do rompimento dos laços sutis que ainda permitiam que a vida vibrasse naquele corpo físico. A partida aconteceu serenamente, em contraste com as difíceis horas de dor ocorridas pouco antes.

Logo pela manhã, as primeiras impressões da saudade misturavam-se às incertezas quanto ao lar prematuramente desfalcado. Parentes e amigos aguardavam na casa a chegada do corpo e o início do velório. Na cozinha, os dois filhinhos, João Carlos com cinco anos, e Ana com apenas um, saboreavam o café da manhã, alheios ainda ao acontecido.

A angústia da informação aos filhos sobre a morte da mãe tomava conta dos presentes. Quem daria a notícia? As crianças seriam poupadas da cena comovente, ou seriam levadas para outro lugar? O professor, atento, lembrou que o afastamento dos pequenos poderia ser motivo de revolta posterior, quando descobrissem que foram impedidos de um último contato com a presença física da mãe.

Convidado pela família a dar a notícia a João Carlos, o mestre aceitou a incumbência e, minutos depois, chamou o inocente menino a um quarto, para uma conversa.

— João Carlos, você gosta de sua mãe?

— Muito.

— Acha que ela cuida carinhosamente de vocês?

— Ela é muito legal.

— Você já ouviu falar em anjo da guarda?

— Já. Eu acho que tenho um.

— O que é que um anjo da guarda faz?

— Cuida das crianças desprotegidas. Acho que cuida dos adultos também.

— Você e sua irmãzinha são desprotegidos?

— É claro que não. Até vovó e a tia cuidam da gente...

— O que é mesmo um anjo da guarda?

— É quem cuida das crianças tristes, dos bebês abandonados, protege os meninos arteiros e... ora, um anjo da guarda faz muita coisa necessária.

— Você vê seu anjo da guarda?

— Não. Ele é que nem Jesus. Os nossos olhos, do jeito que são, não conseguem vê-lo.

— Eu tenho uma informação. É uma notícia

para você. O mundo, como sabe, está cheio de criaturas tristes, cheio de crianças levadas, repleto de meninos abandonados. Por isso, lá no céu, estão precisando de mais anjos da guarda, para cuidar de tanto serviço.

— Estão precisando de mais anjos da guarda, lá no céu?

— Estão.

— E como é que fazem para conseguir?

— Pedem ajuda às pessoas grandes, aqui na Terra.

— É por isso que muita gente morre? Para ser anjo?

— Isto mesmo. Agora, preste atenção. Você sabe quem é o anjo mais importante que vai nascer?

— Ele saiu aqui da Terra? Saiu hoje?

— Saiu.

— Foi alguém que morreu?

— Precisamos tomar cuidado com a palavra *morreu*. A vida existe sempre. Só o corpo é que morre.

— Este anjo que vai nascer, hoje, antes do corpo morrer, ele ficou no hospital?

— Ficou. Estava se preparando.

— Tio, mulher pode ser anjo da guarda?

— Pode, meu querido.

— Onde é que está a mamãe?

— Você mesmo quer pensar e responder?

— Ela foi ser anjo da guarda?

— ...

— Onde é que está o corpo dela?

— O corpo ainda está no hospital.

— E ela? Onde é que está?

— A caminho do céu...

— Acho que vou chorar...

— Pois chore. Pode chorar. *Chorar é coisa de homem.*

— As lágrimas suavemente gotejaram. O professor insinuou:

— Chore com amor, chore com carinho. Seja delicado para mostrar sua saudade, chorando com ternura.

Os dois conversaram ainda por alguns minutos, sobre como alguns adultos, quando em pânico pela perda de algum ser querido, acabam por interferir na harmonia mental dos recém-chegados ao plano espiritual.

João Carlos tinha um raciocínio muito rápido e lógico, parecendo compreender, por intuição, o importante papel que teria de cumprir, durante aquele difícil dia, ao conter a aflição dos mais velhos.

Antes de sair do quarto, ele abraçou docemente o amigo de sua mãe e disse:

— Vou chorar mais um pouquinho. Só um pouquinho...

Durante o velório, pediu com delicadeza que as

pessoas se controlassem, a fim de que a mamãe pudesse chegar em paz lá no céu.

O professor, sofrido mas com o sentimento de compaixão pelo auxílio prestado ao bem-estar de todos, pensou em guardar mais uma lição, que contaria depois para os aprendizes: *saudade com dor não pode. Só pode saudade com amor!*[1]

•

Só a experiência de uma vida inteira dedicada ao ensino poderia repercutir na escolha sensata da

---

1. A história narrada neste capítulo é real, bem como o sábio professor que a vivenciou. Tive a feliz oportunidade de conviver como aluno, a princípio, e depois como amigo, com o mestre Edson Pável Bastos. Assisti às suas aulas aos quinze anos de idade, em 1979, quando, em plena sala de aula, ele fazia com que todos pensassem na grandeza da vida e nas responsabilidades de cada um quanto aos compromissos de fazer deste um mundo melhor.

Edson Pável dedicou 31 anos de estudos ao magistério, além de ter sido professor em colégios de aplicação e no curso de Pedagogia da Universidade Federal de Juiz de Fora. Teve o imenso regozijo de sentir, ainda em vida, o valor da fidelidade daqueles ex-alunos que não o abandonaram, nem nos últimos momentos da existência. Anos depois de aposentado, garotos que o ouviram durante as aulas inesquecíveis faziam rodízio em sua casa, para que ele não sentisse nunca o peso da solidão. Edson sempre dizia que solitário jamais chegaria a ser, pois sempre contou com a presença fiel e carinhosa da família e da secretária e irmã Maria José, que o assistiam em todas as necessidades. Pável desencarnou dia 8 de fevereiro de 1996.

A história narrada faz parte do livro *Casos do Prof. Pável — Reflexões de vida* (cap. 20), publicado pelo Dpto. Editorial do Instituto Maria, entidade de promoção do menor, existente em Juiz de Fora, Minas Gerais.

melhor forma de expressar a uma criança a verdade dos fatos. Quando a maturidade assume a condição de administrar o bom senso e a prudência em um coração bondoso, tudo o que acontece fica a serviço do bem e do engrandecimento de quem está envolvido na situação.

O homem sábio é aquele que está desperto para a vida em todas as suas manifestações. A cada fenômeno da existência, ele dedica um reconhecimento emocional; seja o vento, que balança as árvores e as folhagens anunciando a chegada da chuva; seja a criança faminta que passa, carregando a miséria da fome e da falta de carinho; seja um copo d'água, que pode eliminar a sede ou beneficiar a planta, encerrada em um vaso.

Em todas as circunstâncias, tudo é motivo de aprender e amadurecer. Após essa jornada educativa, o arquivo das vivências acaba resultando na formação de um homem novo, experiente e disposto a oferecer-se por inteiro ao engrandecimento da sublime oportunidade de viver.

Na vida, a escola de lições transformadoras é o próprio *planeta Terra*, com suas exigências inúmeras; a sala de aula é o *território do coração*, sempre fértil à semeadura das boas frutificações, e a alma da mensagem é *a palavra dos que têm voz* para despertar os seres sensíveis, falando-lhes como se se dirigissem a crianças, a fim de que, pela linguagem do amor, assimilem as lições inesquecíveis da cartilha do Bem Eterno.

O OBSTÁCULO É MINHA LIÇÃO

O leito do sofrimento muitas vezes guarda profundos significados. Aquele que mergulha na vivência marcante da dor traz consigo duas possibilidades imediatas: transformá-lo em espaço onde se acumulam desesperos e mágoas, a traçarem rumos obscuros para o sofrimento, ou em recanto pleno de lições imortais, a se expressarem através da palavra experiente do sofredor, da manifestação de dor sabiamente compreendida, depois das duras horas de solidão, vividas em silêncio.

Toda a vida de meu amigo foi uma prova de amor. A juventude, estuante de energias espirituais, foi toda vivida em dedicação ao Evangelho do Cristo, discutido, pesquisado e sentido sob a ótica do Espiritismo. A madureza dele foi entregue à mediunidade sublimada, através do desejo intenso de servir sem cessar em favor do bem. Foi ele que, nesse período de sua vida, sob a proteção da responsabilidade bem assumida, orientou inúmeros médiuns, que à época eram iniciantes e inseguros no trato com a mediunidade, a vivê-la como instrumento de auxílio à obra do amor.

Pai de quatro filhos, ele atravessou os anos realizando grandes tarefas junto aos sofredores. Médium receitista e assíduo freqüentador de reuniões de desobsessão, passou os últimos tempos de sua encarnação preso a dificuldades de locomoção por causa de uma osteoporose, além dos problemas de coluna e uma escamação na pele, que o obrigava constantemente a recorrer a remédios caros.

Pela mansidão que lhe marcava o caráter, meu amigo era uma pessoa disputada pelos necessitados. Mesmo sem poder sair de casa por causa das enfermidades, recebia no próprio quarto os que procuravam orientação para os rumos da vida. Foi nesse clima que ele desencarnou, em total entrega ao ideal da caridade.

Visitava-o cerca de três vezes por semana. De vez em quando, fazia-lhe a barba e massagens nas costas, pequenos motivos para desenvolver longos e inesquecíveis diálogos, que me ajudaram a definir caminhos seguros para trilhar. Vez por outra, sem saber como solucionar determinadas questões íntimas que me incomodavam, procurava o companheiro mais experiente, para ouvir dele sugestões que me ajudassem a sair do estado de alma negativo em que me encontrava.

Aproveitando-se da nobre sensibilidade conquistada através da vida, o irmão, sorridente apesar das dificuldades pessoais, falava da importância do espírita manter-se sempre em estado interior de felicidade e alegria. "A depressão é o tipo de condição emocional que não podemos permitir que nos envolva. O espírita tem conhecimento suficiente das belezas imortais para não se deixar entregar infantilmente a esse tipo de enfermidade."

Diante daquele homem notável, sentia no ar as ondas de uma profunda harmonia, que alimentaram durante muitos anos a fidelidade e o carinho presentes em uma grande amizade. Nesse ambiente fértil para o aprendiz necessitado, ouvi inúmeras lições, guardadas com imenso respeito nos arquivos da emoção.

•

"*A sabedoria oriental já nos ensinou que não podemos evitar que um pássaro pouse em nossa cabeça, mas com certeza podemos impedir que aí ele faça ninho.*" Essa era uma das frases que ele mais admirava. Utilizando-a, dava aulas sobre a influência que os Espíritos causam em nossos pensamentos e atos, relembrando o ensino da Espiritualidade Superior em *O Livro dos Espíritos*, questão 459, quando a resposta do Benfeitor Espiritual explica que os seres do além estão presentes em nossa vida mental, inclusive nos dirigindo, por vezes, os pensamentos, e que nos cabe o esforço de, pelo menos, não permitir que eles tomem conta de nosso espaço mental a fim de que não se caracterize em nós os estados mórbidos da obsessão em todos os seus matizes, conforme esclarece *O Livro dos Médiuns*, no cap. 23.

"*Sê como o sândalo, que perfuma o machado que o fere.*" Esta frase, também de inspiração oriental, servia para que ele sugerisse condutas de mansidão àqueles que lhe chegavam carregando pesadas vibrações de ódio e rancor na alma. A idéia, falada com um imperturbável sorriso no rosto, era de tal forma valiosa que os magoados saíam da casa dele com uma paz interior bem mais fortalecida.

"*Se o pai da Terra não dá pedras ao filho que lhe pede pão, que não fará o Pai do Céu, que é Todo Amor e Bondade?*" Quantas criaturas chegavam desesperadas, chorando a perda dos entes amados, e lá recebiam a substância elevada da compaixão e da empatia, a lembrar-lhes que nada acontece na vida que não seja do conhecimento de Deus, Nosso Pai, e que cabe a nós aprimorar o sentimento para assimilar com acuidade espiritualizada a oferenda de proteção que o Pai Amoroso nos envia, através de recursos sutis endereçados ao equilíbrio do sentimento.

"*Tudo posso n'Aquele que me fortalece.*" A frase paulina (Filipenses, 4:13) despertava forças guardadas no fundo da alma desse homem bondoso. A partir das energias acionadas por ela, ele se desdobrava no exercício de amar, oferecendo-se por inteiro a quem lhe buscava para ouvir as orientações do Mundo Espiritual.

"*Levai os fardos uns dos outros.*" A mensagem de Paulo aos Gálatas (cap. 6,v.2), relativa aos deveres da amizade, era sempre revivida por ele como forma de partilhar do sofrimento alheio, sem, no entanto, se perder nos meandros do desequilíbrio do outro. Os ombros desse amigo viviam marcados pelo exercício diário da caridade; os fardos de quem chegava eram suportados por um tempo, até que eles recuperassem as forças e pudessem de novo encarar as conseqüências dos próprios atos.

"*Diante dos obstáculos que porventura possam surgir, pensa sempre em não agir com base na cólera. Ela é bomba de rastilho curto, e qualquer um sabe as conseqüências que uma explosão provoca na estabilidade e nas condições de vida onde ocorre.*" Através da ponderação e do bom senso, ele ajudava a demover intenções de vingança arraigadas em corações difíceis, que proporcionavam um espetáculo digno de registro, ao mostrar a força que uma amizade nobre tem para auxiliar na transformação moral dos envolvidos naquele intercâmbio de fraternidade.

"*Sê tu uma bênção.*" Esta frase, constante do primeiro livro do Velho Testamento, era a inspiração para mostrar aos presentes que podemos ser bênçãos onde entrarmos, através de nossos ouvidos discretos, nossos olhares contemplativos e singelos, utilizando-nos de mãos carinhosas e operantes.

Sempre ao fim das orientações, ele gostava de deixar uma frase para reflexão. Uma lhe era de preferência, do Espírito Hilário: "Tende por templo o Universo; por imagem, Deus; por lema, a caridade; por fim, a perfeição". Na opinião dele, esse pensamento colaborava com nossa libertação do apego a templos de pedra, unindo-nos ao infinito cósmico, a verdadeira Casa de Deus.

O médium da amizade[1] foi um dos mais notáveis exemplos de amor que pude conhecer nesta encarnação. A ele dedico estas páginas, como pequena oferenda de gratidão, em nome do aluno rebelde que ainda se esforça para entender que os obstáculos se transformam em lições, quando o ser humano deseja sinceramente aprender em favor de sua evolução espiritual.

---

1. Todos os fatos relatados neste capítulo se referem a Geraldo Ribeiro Vieira, amigo inesquecível, desencarnado a 10 de fevereiro de 1989, após longas batalhas para restituir a saúde física. Espiritualmente, ele sempre foi o amparo de centenas de pessoas, que o buscavam primeiramente no Centro Espírita Ivon Costa, do qual foi um dos fundadores, depois na Casa Espírita, em Juiz de Fora, e posteriormente no recanto de seu quarto, em casa, quando já não podia mais locomover-se. A ele, amigo querido, nosso carinho e reconhecimento, ex-

presso, por exemplo, em um soneto, que lhe dedicamos, quando de seu falecimento:

Reencontro

No retrato da saudade em que te abraço,
sem distâncias que traduzam solidões,
volto a ver-te, caro amigo, no regaço
de uma paz que fulge em suaves vibrações.

Com vontade de te ouvir de novo em prece,
teus anseios sussurrando em longa espera,
sinto em ti o imenso amor que te acontece,
como flor que estua em plena primavera.

Sei que estás na grande luta pela vida,
com a força de quem sempre esteve em lida,
no amparo aos que sucumbem de aflição.

Segue em frente, irmão querido, sem cansaço,
que daqui, estamos muitos no teu passo,
construindo nossa própria redenção.

A DIFICULDADE É MEU ESTÍMULO

O professor dedilha com delicadeza as cordas do instrumento. A admiração com que o aprendiz acompanha o recital é ressaltada pela percepção da capacidade de um simples violão reproduzir a beleza sublime, que mora dentro das notas caladas de uma partitura.

Diante da notável execução do mestre, ele recorda as horas intermináveis dedicadas ao aprendizado. Ao olhar para as mãos, percebe que os dedos educados na disciplina podem reproduzir a alma da página arduamente elaborada pelo compositor, mas, para isso, relembra que o instrumento que tem para tocar precisa estar em harmonia com a afinação adequada.

As seis cordas do violão transformam-se na ponte que leva o instrumentista ao ambiente da inspiração poética, onde os compositores vão buscar as essências necessárias à realização da obra. A combinação de linhas melódicas e sentimentos, acordes e percepções emotivas se faz no reino quase encantado da intuição, onde se encontram as vibrações sutis da grandeza sonora das formas superiores.

Para chegar lá, é preciso realizar o grande esforço da vitória sobre os limites pessoais. Aprimoramento da sensibilidade, vigilância dos impulsos para a sintonia necessária com a delicadeza, abertura para o outro, a fim de encontrar nele o que falta em si para a concretização de uma obra mais abrangente.

O menino aprendiz olha para o instrumento e registra outras conclusões, no campo da alma. À medida que percebe não ter condições de aprender sem o esforço do estudo, sem o domínio da percepção musical, entende que ele e as cordas são duas realidades bem harmônicas, que se interpenetram quando compreendidas sob prismas aproximados.

Às vezes, uma das cordas se rompe, interrompendo o fluxo normal da melodia. O jovem nota que nele, também por vezes, algumas cordas internas arrebentam, exigindo necessário reajustamento. Ele encontra, então, nas forças da auto-estima equilibrada, o recurso de substituir a peça avariada e seguir na elaboração de seu concerto íntimo.

Mergulhando mais profundamente a compreensão na realidade que se lhe abre à frente, o moço nota agora a grandeza do instrumento musical que traz às mãos. O seu e o violão de seu mestre atuam como se fossem refletores, cujo material de estrutura nada tem a ver com a música que reproduzem. O tampo harmônico, feito com a madeira adequada para a melhor reverberação do som, é, na verdade, como que um espelho, que detém os raios solares sem, no entanto, comungar-lhes a natureza.

Na alma do estudioso, forças guardadas estão prontas para a manifestação. A mediunidade, por exemplo, se erige como instrumento a serviço da instrução e do refazimento, da esperança e do consolo. Através dela, o aluno em sintonia com as canções da vida, que ora são elegias de profunda tristeza, ora *allegros* de expressivo otimismo e positividade, recolhe o influxo da Espiritualidade, guardando, no entanto, as características próprias. Se a mensagem vem marcada de nobreza e elevação, ele quase não compartilha da grandeza em expressão, por falta de lastro evolutivo, mas, se preservado na humildade e disciplina, consegue reter em si mesmo os fluidos elevados das companhias superiores que teve por alguns momentos.

Aos poucos, tal como o aluno assimila a maneira do professor atuar com seu instrumento, também o aprendiz da vida vai tornando-se um filtro purificado, por onde passam as vibrações sutis do auxílio espiritual. Ambas as realidades exigem empenho e continuidade, para que a cada instante o conteúdo das músicas — a do instrumento e a da mediunidade — seja mais cristalina, expressando com mais isenção de alma a mensagem de que elas são portadoras.

É por isso que o desânimo ou o espírito de negação não podem tomar espaço no coração do aluno estudioso e vigilante. As dificuldades do caminho, mais cedo ou mais tarde, aparecem mesmo no plano dos esforços. Tanto para o violonista, que a cada obstáculo ganha estímulo para avançar alguns compassos rumo à execução completa da peça musical, também o aluno da sensitividade aprende, quando no exercício das faculdades superiores, que, em essência, ele é um instrumento imperfeito que o Alto escolheu para através dele se manifestar. Sua obscuridade só não consegue ocultar a excelência do poder que vem de Deus, a consolar corações aflitos e curar feridas sanguinolentas. Parafraseando Paulo de Tarso, o tesouro que no médium se manifesta parece com a pérola, encontrada por alguém em uma lata de lixo. A grandeza da jóia é a mensagem, e a realidade do recipiente é o contexto humano, precisado de paz interior para alçar o vôo definitivo do estímulo perene.

Quando alguém se decide por atuar decisivamente no bem de si mesmo e de sua comunidade, multidões de forças inferiores, inimigas do amor, se articulam para afastar o novato das tarefas de engrandecimento pessoal. São os adversários da bondade, os inimigos do Cristo, os que tentam arrastar para o desânimo, para a falta de confiança e coragem o candidato à iluminação interior.

Mas nesse momento, o Alto se organiza em legiões de companheiros afins com o ideal da fraternidade. Silenciosa e anonimamente, eles passam a acompanhar o servidor iniciante, a insuflar-lhe esperança, sugerindo-lhe reflexões e leituras enobrecedoras, encaminhando-o às experiências mais adequadas ao seu amadurecimento, além de reanimá-lo a cada tropeço, pois muitas quedas ainda vão acontecer no caminho daquele que ainda há pouco encontrava-se caído, sem ânimo para o esforço da ascese.

Nessa hora, o aprendiz entende que toda dificuldade pode se transformar em estímulo, quando ele dota seu coração de positividade para assimilar os deslizes que sofre. Dessa forma, não só suas mãos, mas todo seu ser aprende a se portar com dignidade diante da vida, a fim de melhor servir ao Senhor da Paz.

A ALEGRIA É MEU CÂNTICO

"Ele era muito severo, mas sempre correto em seus julgamentos a respeito de órgãos. Como estava perfeitamente familiarizado com a construção do instrumento, não podia ser, em nenhum caso, ludibriado. A primeira coisa que fazia ao testar um aparelho era puxar para fora os registros e tocar com o órgão todo. Costumava dizer, gracejando, que precisava saber se o instrumento tinha bons pulmões." Esse relato, baseado em uma informação dada por Carl Philipp Emanuel, revela uma faceta do grande mestre da música de todos os tempos — o pai dele, Johann Sebastian Bach.

Nascido em 1685 na cidade de Eisenach, Alemanha, Johann pode, segundo os biógrafos, ter aprendido os fundamentos da música com o pai, Ambrosius Bach. Órfão aos dez anos de idade, o membro mais importante de uma família de músicos teve de ir viver com o irmão Christoph, que acabou colaborando para sua formação musical.

Desde novo, alimentava um ideal: reunir conhecimentos teóricos suficientes para escrever uma música religiosa bem ordenada. Os primeiros anos da adolescência foram importantes para que ele mostrasse todo o talento em trabalhar com o instrumento em voga na época, o órgão.

Com 23 anos, em 1708, Sebastian, já casado com sua prima, Maria Barbara Bach, tornou-se organista da corte em Weimar, onde escreveu a maioria de suas numerosas peças para órgão. A cidade, nesse começo de século, iria tornar-se a Atenas da Alemanha, testemunhando a idade de ouro que viveu na literatura através de outros dois moradores grandiosos — Goethe[1] e Schiller[2].

Como que envolta em misterioso poder de atração, a cidade que recebeu o músico barroco[3] trans-

---

1. Johann Wolfgang Von Goethe (1749-1832), poeta, romancista e teatrólogo alemão, nasceu em Frankfurt e transferiu-se para Weimar em 1775, para assumir um posto administrativo no ducado local. É um dos mais influentes e importantes escritores da moderna literatura européia.

2. A amizade de Goethe com Friedrich Von Schiller, filósofo e teatrólogo alemão, foi iniciada em 1794. Eles trabalharam juntos em diversos projetos e costumavam trocar pontos de vista sobre a arte e a vida em sua correspondência. Schiller (que morreu em 1805) encorajou Goethe a completar a primeira parte do *Fausto* (1808) — Delta Universal.

3. A música barroca foi predominante no período que vai de 1600 até 1750, com a morte de Bach. Foi assim denominada por comparação ao mesmo período por que passaram as arquiteturas alemã e austríaca, caracterizadas por elaborada ornamentação. A música desse período foi criticada no séc. XIX, por ser considerada uma afronta à do período anterior, o renascentista. Foi nesse intervalo de 150 anos que a polifonia alcançou o auge de seu desenvolvimento. Novas formas musicais surgiram também nessa época, como o oratório, a cantata, o concerto e a suíte. Os maiores compositores barrocos foram, além de Bach, Häendel, Vivaldi, Corelli, Purcell, Monteverdi e Rameau.

formou-se em morada de grandes homens, expoentes em todos os segmentos da cultura, tal como fora Roma, à época do renascimento, dois séculos antes. Weimar diferenciava-se das outras cortes alemãs por ter, como eixo central da produção intelectual de seus artistas, a força da religião. O duque Wilhelm Ernst, que comandou os destinos luteranos do lugar por 45 anos, ditava o ritmo e o tom e todos praticamente só podiam obedecer.

O rigor era tanto que se, durante um sermão, houvesse qualquer desvio de atenção, o perigo de uma humilhação era grande, porque o duque tinha o hábito de interrogar seus servidores pessoalmente sobre cada discurso do capelão. A atmosfera de austeridade era visível também no período noturno. Nem uma réstia de luz era vista no castelo de Ernst depois das oito da noite no inverno e das nove horas no verão.

No campo da música, as idéias de Bach não eram incompatíveis com os rigores da corte. O duque era simplesmente hipnotizado pelo trabalho do organista, e tamanha paixão o fazia permitir que o compositor de Eisenach pudesse se ausentar, em realização de inúmeros concertos pelo país. Sua fama como virtuose espalhou-se a tal ponto que começaram a surgir lendas a seu respeito, tais como a que lhe imputaram, após a visita a uma igreja da aldeia; lá, ele arrancara sons tão maravilhosos de um instrumento em estado deplorável que o músico local murmurara: — "Isso só pode ser obra do diabo ou então Bach em pessoa."

A profunda sonoridade que conseguia obter dos acordes era tão intensa que até Frederico, o príncipe herdeiro, dominado por um espanto e admiração ao ouvir um concerto, retirou do dedo um anel com pedras preciosas e o deu a Bach, assim que o som se dissipou. A afirmação foi feita por Constantin Bellerman, um reitor de Minden, ao se referir ao desempenho do músico durante um concerto na corte de Cassel. Ele ainda acrescentou: — "Seus pés voavam sobre os pedais como se tivessem asas, e sons poderosos bramiam como trovões de um extremo ao outro da igreja. Se a habilidade só de seus pés lhe granjeou o tal presente do príncipe, o que o futuro rei poderia ter-lhe dado se Bach tivesse usado também as mãos?"

O fato é que no período em que permaneceu em Weimar, Johann escreveu a maioria de suas mais importantes obras para órgãos. Segundo Geiringer, inspiradas pela atmosfera religiosa predominante, essas criações atingiram uma "espiritualidade desencarnada"[4]. Quem também chegou a essa constatação foi Goethe, quase um século depois. Ele afirmou: "É

4. GEIRINGER, Karl. *Johann Sebastian Bach — O apogeu de uma era*. Rj, Zahar Editores, 1985. Outras citações deste capítulo foram extraídas deste mesmo livro.

como se a harmonia eterna estivesse conversando consigo mesma, como pode ter acontecido no seio de Deus pouco antes de Ele ter criado o mundo. Assim foi minha alma profundamente agitada e senti como se não tivesse ouvidos nem olhos nem quaisquer outros sentidos, e tampouco necessitasse deles."[5]

Mesmo diante da total admiração de seus contemporâneos, Bach preferia, por sua vez, manter-se reservado quanto ao vigor de sua obra. Cumprimentado, certo dia, por sua performance organística, ele respondeu:

— Isso nada tem de especial. Você tem apenas que ferir as notas certas no tempo certo, e o instrumento toca por si mesmo.

Quando lhe era perguntado como conseguia dominar a arte em tão elevado grau, ele respondia geralmente:

— Fui obrigado a trabalhar arduamente; quem for igualmente esforçado, conseguirá fazer o mesmo.

•

A morte da primeira esposa, Barbara, em 1720, fez com que o músico vivesse uma das mais dolorosas experiências de sua vida. Segundo os historiadores, Bach via a morte como uma libertação que deve-

---

5. Op. Cit., p. 48.

ria ser fervorosamente desejada, a qual, ao destruir o corpo, aliviaria a alma de seus erros. Morrer, para ele, não era o fim, mas a culminação da vida espiritual. A perda repentina da esposa fez com que ele passasse um longo período amadurecendo em si mesmo essa convicção.

A relação entre sofrimento e alegria, música e silêncio fez com que ele produzisse um conjunto de peças que ficariam conhecidas como o *Cravo bem temperado*. Essa obra, um grupo de 48 prelúdios e fugas para teclado, começou a ser composta durante o período de reflexões pela ausência da esposa. Através desse trabalho, Sebastian procurou demonstrar que, com o novo sistema de afinação por temperamento igual, era possível tocar bem em qualquer tom; daí a obra incluir um prelúdio e uma fuga em cada tom maior e menor. Para o compositor, foi a forma de oferecer ao mundo da cultura o resultado de uma parcela de seus sentimentos sobre as alegrias e as tristezas da existência.

O segundo casamento colocou a jovem cantora Anna Magdalena Wilcken na vida do cravista. Dezesseis anos mais nova do que o marido, Anna teve de cuidar dos quatro filhos do casamento anterior dele, além de passar pela experiência de ter treze partos e ver sete vezes um filho seu ser carregado para a sepultura. Por causa dessa carga de sofrimento, Bach escrevia peças para a esposa, instilando-lhe coragem através de canções simples e profundamente sentidas.

•

A sexta-feira santa de 1729 foi especial para Johann Bach. Vivendo em Leipzig desde 1723, ele reuniu a cidade no auditório da Escola de São Tomás, de onde era o *Kantor* (diretor de música), para apresentar a grande homenagem que prestaria a Jesus. A obra *A Paixão Segundo São Mateus*, com mais de três horas de duração, mostrava, com todo o calor da narrativa do apóstolo Mateus, os fatos que precederam ao julgamento e crucificação do Mestre.

Mesmo diante da grandiosidade da peça, a impressão que ficou do concerto e da composição não foi favorável, e Bach começou a sentir o peso da perseguição dos que tentariam tirá-lo de Leipzig e, se possível, derrubar de vez o impacto que suas criações causavam na população.

Cansado e doente, o compositor, nesse período, só não perdeu o companheirismo de Anna Magdalena, pronta como sempre a compartilhar fielmente com o marido de tudo que de bom ou mau a vida lhes trouxesse. A visão de Sebastian, fraca há muitos anos, começou a sucumbir aos esforços de escrever pequenas notas à luz de velas. Em 1749, ele estava quase cego, mas mesmo assim não parava de compor. A 18 de julho do ano seguinte, teve um ataque de apoplexia, seguido de uma febre devastadora, à qual não resistiu, vindo a morrer no dia 28 do mesmo mês.[6]

•

Diante da obra monumental de Bach, à qual toda a história da música teve de se curvar, outras forças se manifestam, em apoio à tarefa missionária desse grande homem, mensageiro da harmonia superior. O livro *Renúncia*[7], que retrata a história de uma grande alma em serviço de redenção na Terra, tem um trecho, no primeiro capítulo, que permite uma inferência quanto a essa possibilidade.

Quando Alcíone manifesta seu imenso desejo de reiniciar nova vida no planeta junto ao amado Pólux, para auxiliar no resgate de dívidas pesadas contraídas por ele, o anjo estelar a quem ela faz a rogativa, Antênio, lhe contrapõe o argumento, indagando-lhe:

— Mas, e teus trabalhos no Sistema de Sírius? Não estás cooperando com os benfeitores da Arte ter-

---

6. Excelente pesquisa e comentário sobre a vida missionária de Bach foi feita por Hermínio C. Miranda, no livro *As mil faces da Realidade Espiritual* (Ed. Edicel, 1993). No cap. 5 dessa obra, intitulada "J.S.Bach, o 'Quinto Evangelista'", o autor defende a idéia de que "a família Bach evidencia um processo de reencarnação grupal, segundo um plano conscientemente elaborado e levado a efeito. São espíritos afins que resolvem nascer em torno da gigantesca figura de seu patriarca". Vale a pena recorrer a essa leitura, para aprofundar os conhecimentos sobre a vida do músico.

7. XAVIER.F. C./Emmanuel (Espírito). *Renúncia*. FEB, 15ª ed., 1985, RJ.

real? Acredito não vir longe a época de serem levados ao mundo terreno *os necessários elementos de inspiração, depois do resultado de tantos esforços para a solução de certos problemas do ritmo e da harmonia.*[8]

A história narrada por Emmanuel em *Renúncia* se passa na segunda metade do século XVII, a partir de 1660, e a reencarnação de Bach ocorre em 1685, cerca de 25 anos depois. Nossa hipótese, de que Johann Sebastian foi preparado no mundo espiritual para colaborar nesse período de evolução da humanidade, fica mais fortalecida ainda quando lembramos que no mesmo ano (1685) nasceria outro grande músico alemão, Georg Friedrich Häendel, e sete anos antes dos dois (1678), nascera aquele que se tornaria um dos maiores violinistas da história da música, o italiano Antônio Vivaldi. Não é de se desprezar o fato de que três dos grandes mestres do ritmo reencarnassem próximo, para que nenhuma artimanha da inferioridade humana interferisse no plano de fazer deste um mundo mais afinado com a Harmonia de Deus.[9]

•

---

8. Op. cit., p. 27. O grifo é meu.

9. Esta hipótese me foi sugerida, originalmente, por um amigo, Wanderson L. Lacerda, psicólogo espírita e parceiro de canto coral, em Juiz de Fora.

Bach, iluminado benfeitor da humanidade! Nós, apreciadores de teu trabalho, te prestamos essa pequena homenagem, porque sentimos, ao ouvir teus Prelúdios, Tocatas e Paixões, o ecoar dos suaves perfumes dos tempos de Jesus, quando o Mestre saía a pregar, utilizando, como altar, barcos e montes, e como templo, a grandeza infinita da Natureza pujante e acolhedora.

Por causa de tua música, conseguimos compreender porque o Evangelho é mensagem de alegria e de esperança, contrariando a afirmação de alguns, que vêem nele a religião da tristeza e da amargura. Apesar do sacerdócio ter impregnado muitas vezes o horizonte de nuvens pesadas, é possível conceber, diante de tão profundas consonâncias, que o Cristianismo é, conforme pensa Emmanuel, "a Revelação da profunda alegria entre as sombras da Terra".[10]

Para os que têm ouvidos de ouvir, as vozes que clamam às vezes dão lugar aos acordes e melodias, que igualmente propiciam saúde psíquica, física e espiritual. E cada criatura que registra as notas consoladoras do Evangelho começa a mudar sua forma de compreender o mundo e a vida — para melhor.

---

10. XAVIER.F. C./Emmanuel. Roteiro. 4ª ed., FEB, 1978, RJ.

A DOR É MEU AVISO

Os pais não conseguiam mais esconder a angústia com a situação do filho Daniel. Com apenas três anos, ele começou a perder o sentido correto dos passos. Ao caminhar, ia pendendo para um dos lados, até que num determinado dia bateu com a cabeça na beirada da porta, quando nada lhe impedia de seguir o traçado certo. Foi o bastante para que decidissem levá-lo imediatamente a um pediatra, a fim de fazer os exames necessários.

O médico da criança indicou uma ressonância nuclear magnética, em busca de um rastreamento detalhado de todas as atividades cerebrais do garoto. Com o resultado nas mãos, o especialista afirmou, objetivamente, que o menino tinha um tumor maligno no cérebro, localizado na região do quarto ventrículo, responsável pela locomoção, e que o tratamento deveria ser iniciado imediatamente.

Dois dias depois, Daniel estava internado para o ato cirúrgico. O meduloblastoma — nome desse tipo de tumor — havia sido extirpado, e o menino teria de prosseguir, a partir de agora, com aplicações quimioterápicas para eliminar completamente qualquer resquício de células cancerígenas no corpo.

Vigilantes com a saúde do filho, os pais começaram também, aos poucos, a entender o que significa para a família a presença de uma criança com uma doença grave dentro do lar. Assim como o câncer, a síndrome de Down, a AIDS, as doenças mentais, dentre outras, também provocam modificações profundas e definitivas na vida dos envolvidos. A necessidade de acompanhamento permanente, de uma entrega verdadeira no sentido afetivo e espiritual fazem com que a vida dos que se comprometem com a cura dos enfermos nunca mais seja a mesma.

•

Por força do tratamento médico, Daniel perdeu todos os cabelos e passou boa parte do período sem vontade de ver-se no espelho, por achar-se muito diferente dos demais. O pai, atento às necessidades emocionais da criança, resolveu então raspar igualmente a cabeça e apresentar-se às visitas com uma feição parecida com a do filho. Essa atitude devolveu ao menino a auto-estima, e ele voltou a ter coragem de brincar, ir à escola e conviver com os colegas e amigos.

Mais feliz ainda ele ficou quando recebeu, um dia, a visita de seu melhor amigo do colégio. Ele também havia raspado a cabeça, para mostrar a Daniel que nada no mundo, nem uma doença que temporariamente estava tirando sua alegria, poderia destruir uma amizade tão forte.

•

Depois de dois anos de tratamento (Daniel já estava com cinco de idade), a família encontrava-se reunida na sala da casa, quando o filho queixou-se de dores pelo corpo. O pai, que sempre cantava músicas de conteúdo elevado para o menino descansar, lembrou-se de uma canção que aprendera com um colega, no trabalho. Em um trecho, ela diz assim: *Vamos transformar a dor em luz, em paz, em amor*. Ao cantarolar baixinho no ouvido do filho, sentiu que a letra transmitia uma verdade incontestável. A dor, para ser instrumento de crescimento íntimo, precisa ser transmutada em forças espirituais de forte apelo renovador.

Aquele pequeno trecho serviu para que ele, pai, através de suave carícia nos cabelos de Daniel, agora crescidos, aliviasse o sofrimento do pequenino, além de iniciar um interessante diálogo com a mãe, acerca dos reais valores do espírito, os que devem ser burilados durante a experiência da vida.

— Você já imaginou quantas crianças estão, nesse momento, morrendo de câncer, quando poderiam estar sendo tratadas? Quantos pais poderiam estar levando seus filhos para um diagnóstico precoce de qualquer doença, quando a cura é mais fácil de ser conseguida, e não o fazem por absoluta desinformação?

— Realmente — respondeu a mãe — é preciso criar uma forma de esclarecer as famílias sobre a importância de se atender uma criança no começo da doença; no caso do câncer, por exemplo, as chances de cura são de até 80%, mas eu destaco outro problema grave: e os custos do tratamento, sempre elevados em casos como o nosso, por exemplo. Não seriam outro impedimento forte à busca de uma solução?

— Tem razão — refletiu o pai — mas não é por causa desse fator que vamos desistir da luta para salvar a vida de nossos pequenos. É preciso criar um núcleo que auxilie crianças com doenças graves, com o objetivo de aumentar a expectativa de vida e permitir um tratamento adequado a elas e suas famílias. Mais importante ainda — asseverou — é deixar a sociedade informada sobre as doenças infantis e formar grupos de apoio aos menores enfermos. É bom destacar que pouco podemos fazer se não contarmos com a colaboração de pais e voluntários, que desejem ser os porta-vozes reconhecidos das necessidades e interesses das crianças acamadas.

No dia seguinte, inspirado pela conversação, o casal resolveu procurar outras famílias envolvidas em casos semelhantes, para formar uma equipe de estudos que se interessasse em criar um trabalho organizado e apto a atender àquelas circunstâncias. Ficaram, então, sabendo que algumas instituições já estão atuando com grande eficiência nessa área[1]. Imediatamente, procuraram vincular-se a grupos já existentes, para superar dificuldades iniciais e vencer o tempo na luta pela sobrevivência dos seus e dos filhos alheios.

•

Aquele era um dia especial. O pai de Daniel faria, pela primeira vez, alguns comentários para outros pais, que conheceram o núcleo e começaram a encontrar respostas para as dificuldades enfrentadas pela chegada precoce de uma doença grave em casa.

Antes de começar a falar, pensou em Deus e rogou por auxílio; gostaria de se referir especialmente ao otimismo e à esperança, já que estava diante de corações machucados por expectativas sombrias, perante a possibilidade do filho amado sair da vida prematuramente.

O tema escolhido foi justamente a dor. Lem-

---

1. Os serviços de amparo a famílias geralmente recebem a denominação de GACC — Grupo de Apoio à Criança com Câncer, entidades civis sem fins lucrativos, responsáveis pela captação e administração de recursos para apoio e tratamento das crianças com câncer. As instituições trabalham para que todos os pequenos, inclusive os de baixa condição econômica, tenham acesso a exames, intervenções cirúrgicas e medicação necessária, sem distinção de cor, classe, sexo ou religião. O grupo vinculado à Escola Paulista de Medicina, de São Paulo, está até construindo um hospital, onde pretende realizar todas as atividades de apoio às crianças com câncer e às suas famílias.

brou, logo no início, que ele estava ali por causa da criatura que mais amava na face da Terra: o filhinho Daniel, enfermo de câncer desde os três anos de idade, e que agora se encontrava curado.

Essa palavra — *curado* — provocou uma reação visível nos ouvintes, como que a insuflar neles a possibilidade de que a cura poderia também acontecer com os seus amores, para que a alegria voltasse a morar definitivamente em seus lares.

— A dor é um aviso — comentou aquele homem transformado — que nos bate na porta quando menos esperamos ou estamos preparados para enfrentá-la. Ela chega, com o vigor de quem nos toma desprevenidos, e dá a impressão de que vai vencer a luta contra nossa força de vontade e perseverança. Mais eis que de dentro de nós surgem recursos emocionais desconhecidos, que rompem de vez nossas couraças de timidez e acanhamento, e nos colocam a postos, única e exclusivamente por amor. Descobrimos que o sentimento por nossos filhos é muito maior do que qualquer definição teórica, das que encontramos nos mais elevados livros que tratam do assunto.

— Esse aviso — prosseguiu — é o chamado definitivo e talvez mais grave de nossas vidas. Somos convocados a salvar nossos pequenos e trabalhar pela vida dos que também sofrem dores semelhantes. Não, não queremos solucionar os grandes males do planeta. Desejamos apenas viver a nossa experiência

— única e intransferível — de amar, sem limites, com desprendimento total e absoluto — os que nos foram entregues por mercê de Deus, para que lhes oferecêssemos, muito mais do que alimento e proteção para o corpo, a sagrada certeza de que são intensamente desejados por quem colaborou para que viessem ao mundo, e que tudo faremos para que permaneçam conosco, enquanto o Pai permitir.

Emocionado com o depoimento apresentado, o pai de Daniel encerrou o encontro, afirmando:

— Daqui a muitos anos, meus amigos, não nos importará qual o tipo de roupa que usamos hoje; se estivemos ou não na moda, se fomos ou não capazes de nos adaptar aos tempos da modernidade. Daqui a muitos anos, não nos importará se conseguimos ter recursos suficientes para comprar uma bela mansão, ou se conseguimos adquirir o carro da geração-sucesso. Daqui a muito tempo, tudo isso não nos valerá. Valerá, isto sim, se saímos da vida com a plena convicção de que fomos importantes na vida de uma criança. Que ela tenha sido nossa filha ou não, não importa. O que interessa é que deixamos para ela, dentro de seu coração, a marca indelével do amor que ora estava conosco transitoriamente, e que agora nos habita para sempre, em função de muito termos amado.

A LUZ É MINHA REALIZAÇÃO

Paulo está no barco. Ao longe, centenas de mãos dão-lhe a despedida final. À distância, mulheres humildes agradecem os benefícios recebidos de suas mãos. Doentes curados proclamam a gratidão em cânticos de agradecimento. Meninos amorosos guardam as lições do Evangelho, que o Apóstolo dos Gentios lhes deixara como tesouro inesquecível.[1]

Junto dele, Lucas, o médico amigo, que lhe afirmara nunca ter sentido emoção tão grandiosa na vida, acrescenta que escreveria sobre aquele instante, sobre a demonstração de amor oferecida ao tecelão.

Paulo, por sua vez, pede:

— Não, Lucas. Não escrevas sobre virtudes que não tenho. Fale, isso sim, das perseguições por mim movidas aos seguidores do santo Evangelho (...); comentarás os obstáculos vencidos, as humilhações do-

---

1. XAVIER, F. C. /Emmanuel (Espírito). *Paulo e Estêvão*. Rio de Janeiro, FEB, 24ª ed., FEB 1987, 2ª parte, pág. 494.

lorosas, as dificuldades sem conta, para que os futuros discípulos não esperem a redenção espiritual com o repouso falso do mundo(...) e sim com trabalhos ásperos, com sacrifícios abençoados pelo aperfeiçoamento de si mesmos.

Completando a sugestão dada ao companheiro de ideal, Paulo afirma:

— Cala sempre as considerações ou favores que tenhamos recolhido na tarefa, porque esse galardão só pertence a Jesus. Foi Ele quem removeu nossas misérias angustiosas, enchendo nosso vácuo. Assim como *iluminou* minhas veredas sombrias, às portas de Damasco, levou-te Ele à igreja de Antioquia, para que lhe ouvisse as verdades eternas.

O discípulo do Cristo prosseguiu fazendo comentários sobre o imenso abismo existente entre os homens e a sabedoria eterna, chegando a afirmar que nada possuímos de nós mesmos, uma vez que o Senhor preenche o vácuo de nossa alma e opera o bem que não nos pertence.

•

Essa é uma das formas da Misericórdia atuar em nós. O bem que fazemos é conquista pessoal, mas ele vem partilhado pelos empréstimos de talentos da Bondade Divina, a fim de que nossos esforços não sucumbam diante da história de sombras que trazemos de experiências passadas.

Para realizar o bem, é preciso a decisão íntima

— "eu quero fazer". Mas os resultados que porventura venham dessa prática, segundo Paulo, não nos pertencem. Uma visita fraterna, uma aula bem preparada em favor da evangelização infanto-juvenil, uma palestra amorosa que toque o coração dos ouvintes — tudo são ações cometidas pelo empenho individual, por uma decisão particular, mas cujas conseqüências devem ser depositadas na conta do Cristo, Fonte geradora dos recursos sutis em que nos apoiamos para realizar a tarefa.

É por essa razão que Paulo afirma a Lucas que somos míseros servos que se aproveitaram dos bens do Senhor para pagar as próprias dívidas. E esse é o sentido da Misericórdia. Por essa razão que os júbilos e emoções advindos do bom resultado obtido com a concretização da tarefa não pertencem ao servidor, mas ao Alto. Também por isso não nos podemos envaidecer com este ou aquele agradecimento, ou elogio, ou gesto de gratidão por serviços realizados com competência, de nossa parte. Nessa hora, é preciso sintonizemos com o Cristo para entregar-Lhe o que não nos cabe; vale ficarmos somente com o gesto de gratidão, em respeito àqueles que se sentiram felizes em declarar o bem recebido.

•

Nada disso é possível se não houver em nós esforços efetivos, em busca da luz necessária para merecer a Misericórdia de Deus. Movimentar-se ao Sol do Evangelho significa, segundo Emmanuel, "saber identificar o infortúnio, onde cremos encontrar somente rebeldia e desespero; descobrir a chaga da ignorância, onde supomos existir apenas maldade e crime"[2].

Somente desta forma será possível entender que o erro de muitos se deve ao fato deles não terem tido algumas das oportunidades que ora nos abençoam a vida; talvez, no lugar deles, também tivéssemos sucumbido, sem forças para superar tais adversidades.

Estar no ambiente da luz é o começo da realização. É preciso investir na cultura da inteligência, mas sem menosprezar o cultivo do sentimento. É necessário trabalhar pela renovação de tudo que precisa ser mudado, mas partindo do próprio coração, adquirindo amor pelo que se faz, pela tarefa, pelas pessoas, pelas horas vividas em comum com os que também querem o melhor para o planeta.

O *Brilhe a Vossa luz* significa estimular o amor nos outros, porque em nós ele tem feito maravilhas; é inspirar humildade nos companheiros, pelo fato deles descobrirem em nossa conduta a coragem de sermos humildes; traduz-se na paz que ajudaremos a construir no próximo, a partir da que já se faz realidade em nosso íntimo; significa garantir a fé e a simpatia

---

2. XAVIER, F. C./ Emmanuel (Espírito). *Palavras de Vida Eterna*. Uberaba, 8ª ed., CEC, 1986. Cap. 41.

ao redor de nós pela vida convicta que levamos, com base nos valores abraçados como legítimos.

O trabalho da luz pede vigilância e atenção, para que as reclamações do caminho não atrapalhem a continuidade da jornada. É preciso não dar atenção exagerada às sombras que ainda carregamos, mas sobretudo estudar, planejar, atuar incessantemente na elaboração do homem de bem que chegaremos a ser — atuantes, dedicados, interessados no aspecto positivo da vida — iluminados, enfim. Só assim as características infelizes que ainda trazemos, devidamente estudadas, poderão ser substituídas pela confiança em um futuro melhor.

Por essa razão Paulo afirmou, na carta endereçada aos Efésios (5:8): "Porque noutro tempo éreis trevas, mas agora sois luz no Senhor; andai, portanto, como *filhos da luz*."

O TRABALHO É MINHA BÊNÇÃO

Das grandes vozes do bem no Século XX, com certeza uma das mais valiosas é a de Albert Schweitzer. Nascido a 14 de janeiro de 1875 na cidadezinha de Kaysersberg, na Alsácia Superior (na época, pertencente à Alemanha e depois anexada à França), Schweitzer mostrou desde cedo que trazia inúmeras vocações. Ainda na juventude, tomou uma decisão: dedicar-se-ia, até aos 30 anos, à função de pregador, como também à ciência e à música. Em seguida, depois de realizar os objetivos na ciência e na arte, enveredaria pelo caminho do serviço à humanidade.

Um dos projetos realizados, desde então, foi dedicar boa parte do tempo ao estudo de Teologia, Filosofia e Música. Foi quando descobriu a beleza superior da grande obra de Johann Sebastian Bach (1685-1750), considerado por ele o maior músico da história. Chegou a escrever uma obra sobre o compositor, chamada *Jean Sébastian Bach, le musicien poète*, editada pela primeira vez em 1904, uma outra sobre os prelúdios e fugas que o músico compôs para órgão, com indicações práticas sobre a reprodução dessas peças, e uma terceira, sobre a arte de construir e tocar órgão. Ao todo, a produção literária de Schweitzer foi de 22 livros.

•

Uma decisão tomada na tarde da sexta-feira santa de 1913 pelo casal Schweitzer permitiu que um facho de esperança se acendesse a milhares de quilômetros de Günsbach, no Vale do Münster, onde viviam. Nesse dia, os dois deixaram a cidade alemã rumo ao Gabão, África Equatorial Francesa, a fim de iniciarem uma das mais belas tarefas missionárias do século, um exercício diário de desprendimento e abnegação, em auxílio ao povo africano.

Com 38 anos, logo após ter-se formado em Medicina, Schweitzer passou a viver, em plena selva, o amadurecimento dos tesouros íntimos que trazia como resultado de severas disciplinas morais. A fama de "grande doutor" espalhou-se rapidamente pelas aldeias em torno, em um raio de 500km em volta, e os enfermos começaram a acudir em grande número, pois os negros confiavam bastante na medicina dos brancos.

O médico, junto da esposa, companhia fundamental para a realização do trabalho, tinha de atender não só aos necessitados, mas também aos familiares deles, que não abandonavam seus doentes. Além de abrigar os pacientes, via-se obrigado a fazer o mesmo com os acompanhantes, o que levou a ampliar as instalações do hospital que construiu na região de Lambarene.

Ele afirmou, em seu livro autobiográfico, que devido ao grande número de furtos praticados pelos habitantes da região, tudo quanto incitasse a cobiça dos nativos deveria ficar trancado. "Meu auxiliar me exige fechar com chave a farmácia, ainda que minha ausência seja por poucos minutos." Por causa do descuido, desapareceu da biblioteca do médico-músico um exemplar da *Paixão Segundo São Mateus*, de Bach, no qual anotara o acompanhamento para órgão, cuidadosamente elaborado de acordo com o baixo cifrado.

Durante 52 anos, o missionário do amor e do trabalho serviu incansavelmente, junto da esposa, aos africanos. Chamava-lhe a atenção a docilidade que os aborígines revelavam para com os atos operatórios. Consideravam mágica a anestesia geral, interpretando-a como morte suave, da qual o "grande doutor" podia tirá-los fazendo-os ressuscitar devidamente curados. Sobretudo quando se sentiam aliviados dos tumores gigantes, que chegavam a pesar de 30 a 40 quilos, incapacitando-os totalmente, expressavam admiração e respeito, além de intensa e profunda alegria.

O reconhecimento pela dura batalha contra as doenças e a favor da saúde de irmãos tão necessitados fez com que Schweitzer recebesse, como oferenda da Sociedade Johann Sebastian Bach, de Paris, da qual foi um dos fundadores, um belo piano de pedais, especialmente construído para climas tropicais. O músico passou a sentar-se, então, nas poucas horas de folga que tinha nos finais de noite, junto ao instrumento, para fazer vibrar na selva virgem a música maravilhosa de seu querido Bach.

•

Em 1914, o casal de servidores recebeu dura notícia. Estourara a I Guerra Mundial na Europa, e o par recebeu ordem de detenção, por ser proveniente de uma região alemã. Deveriam permanecer na qualidade de prisioneiros e incomunicáveis no próprio hospital, sob a vigilância de soldados africanos. A notícia da guerra e a medida tomada contra o amigo dos doentes e sua esposa causaram revolta entre os nativos. Eles não conseguiam entender como uma guerra em vigor na Europa poderia deter em cativeiro um casal que os salvara de situações difíceis e que exteriorizava tamanha sabedoria e tanta bondade, conflito esse que ainda mantinha irmãos de cor como soldados, alguns inclusive curados de graves enfermidades justo por aqueles a quem tinham de vigiar; tampouco compreendiam como fosse possível que o único médico em uma distância de 500km não pudesse atender aos enfermos, por causa de um conflito que acontecia bem longe dali.

Diante das notícias da morte de milhões de pessoas, os aborígines ficavam assombrados. Onde os ensinamentos do bom Senhor Jesus, apresentados pela doce palavra e vivência integral do Dr. Schweitzer? Para que serviam? Seria tudo uma farsa? Para eles, seres considerados ignorantes, os homens brancos, que se transformavam em carrascos e faziam dos outros algozes cruéis, estavam absolutamente enlouquecidos.

Prisioneiro, o médico aproveitou o tempo que passou a lhe sobrar para conciliar o pensamento e encontrar uma forma de escrever a filosofia da transformação íntima, que o levaria a contribuir para o renascimento do mundo ocidental.

Os vários anos de trabalho humanitário valeram a Albert o prêmio Nobel da paz em 1952. Com o dinheiro recebido, ele ampliou as instalações do hospital em Lambarene e construiu uma colônia para leprosos. Nesse período, já eram famosos os dois primeiros volumes da *Filosofia da Civilização*, de 1923, e o livro *A procura do Jesus histórico*, escrito em 1906.

A esposa do doutor, a anônima missionária do bem Helene Bresselau, morreu em Zurique em 1957, e Schweitzer desencarnou dia 4 de setembro de 1965, aos 90 anos, num dos leitos que ajudou a levantar para os africanos. Conta-se que nos momentos finais de sua vida recuperou suavemente a consciência durante alguns minutos para ouvir a música de Bach, que os familiares fizeram tocar para ele pela última vez.

Eram 21 horas de sábado. Ao lado da cama, permaneceram duas colaboradoras fiéis, Mathilde Kottman e All Silvere, em companhia da filha, Rhena Eckert. No pátio da casa, orando conforme o amigo ensinara, uma centena de africanos apenas esperavam, sem mover um passo, rumo à despedida. Na manhã de domingo, às 5h30min., os sinos do hospital dobraram para anunciar a volta do médico à vida imortal.

A uns dez metros da capela, os próprios enfermos do local prepararam sob as palmeiras o sepulcro de Schweitzer, junto do túmulo de sua esposa.

•

Perante tão nobre criatura, vale-nos refletir sobre as belezas da vida e sobre os permanentes convites que ela nos faz, para que trabalhemos sem cessar em favor do bem maior, que não nos pertence mas em cujo clima podemos viver mergulhados.

Albert Schweitzer dizia que não "há heróis da ação, há somente heróis da renúncia e do sofrimento". Ele declara, com isso, que ninguém é grande pelo que faz, mas sobretudo por aquilo a que renuncia e sofre. Faz-nos lembrar Jesus, quando afirma que "aquele que não renunciar a tudo que tem não pode ser meu discípulo".

O "grande doutor", como era chamado pelos africanos, renunciou a tudo para ir trabalhar num dos ambientes mais difíceis do planeta, no meio de povos selvagens incapazes de compreender o alcance de sua notável inteligência e a grandeza de seu sacrifício.

Segundo Huberto Rhoden[1], não é correta a idéia de que Schweitzer tenha feito tudo isso por amor aos negros da África. Na visão do pensador, os africanos que ele medicou e operou durante meio século provavelmente já morreram todos — e que diferença faz terem morrido alguns decênios mais tarde ou mais cedo?

Para Rhoden, o verdadeiro motivo dessa troca do conforto e da celebridade européia pelo desconforto e obscuridade da África oculta uma razão mais profunda e grandiosa. Significa que Schweitzer não viu na cura dos negros a quintessência de sua vida, mas sim a possibilidade de curar-se a si mesmo de todas as misérias do egoísmo e orgulho e realizar plenamente o seu Eu Divino, através do autodescobrimento. E isto só é possível mediante a permanente doação de si mesmo ao próximo, sob o amparo do infinito amor, vivido intensamente a cada ato de fraternidade.

Nas últimas décadas de sua vida, o médico ficou famoso em todo o mundo, mesmo sem o querer. Aconteceu-lhe por acréscimo precisamente aquilo a que havia renunciado. Outra lição valiosa, a mostrar

---

1. Conforme depoimento inserido no livro *Albert Schweitzer por ele mesmo*, da Ed. Martin Claret, pág. 160, outubro de 1995, São Paulo.

que a melhor forma de fazer o bem aos outros é *transformar-se em um homem bom*, que quer da vida tão-somente a possibilidade de viver novas experiências de crescimento interior.

Albert Schweitzer é um exemplo de homem integral, que atravessou a dura campina da vida semeando em terras pobres, a fim de mostrar aos homens aquilo que é essencial — escolher a melhor parte e doar-se em plenitude, em nome do Amor Divino.

O AMIGO É MEU COMPANHEIRO

A mediunidade missionária de F. C. Xavier registrou uma página de doce elaboração, escrita pelo Espírito Maria Dolores[1], em que a verdadeira fragrância da amizade se manifesta em toda sua grandeza.

O texto foi intitulado *O Amigo Leal*, e conta a vida de um cão de guarda que recebera do dono o nome de Leal. A experiência vivida ao lado do cachorro foi o tema de um encontro fraternal entre vários Espíritos, dentre os quais a narradora.

O homem, um engenheiro, explicou que certa vez fora designado para serviços na fronteira e levou consigo a esposa, o filhinho de um ano de idade e o velho cachorro policial. No trabalho incessante em que se via, fosse qual fosse o ambiente, reconhecia em Leal o vigilante fiel, a guardar a casa dia a dia.

---

1. XAVIER, F. C./ Maria Dolores (Espírito). *Caminhos do Amor.* CEU Editora. Jabaquara, SP.

O pai ensinou o animal a velar pelo filho pequeno de tal forma, que Leal mantinha-se a semana inteira entre a porta do quarto e o berço do menino, para impedir a entrada de animais estranhos e agressivos, comuns no agreste onde viviam, tais como lobos e jaguares. Além disso, a casa era guardada por dois vigias e uma governanta, que administrava o lar enquanto a esposa recorria às compras em pequeno povoado próximo.

"Certo dia", explicou o rapaz, "voltei ao lar mais tarde... Noite escura...

Ausentara-se a esposa e a governanta atendia,

em conversa, lá por fora, a diversos parentes

que lhe vinham à procura...

os vigias andavam pela brenha, buscando para nós feixes de lenha.

Acompanhado de um amigo, ansioso, ouvi a voz de meu filhinho em algazarra.

Naquele choro de pavor, pressentia perigo a gelar-me.

Em vão, tentei fazer qualquer alarme; o companheiro me seguia, enquanto em minha inquietação, só escutava a gritaria do filhinho

a cortar-me o coração...

Varei a porta aberta da casa que vi deserta

e foi, então, que a tremer, desorientado, vi o cão correr para junto de nós;

Leal se nos mostrava ensangüentado; mancando, ele gania,
não sei se de loucura ou de agonia..."

Fazendo pequena pausa, emocionado, o narrador voltou a falar:

—"O colega disse a mim: — o cão está zangado, dê-lhe o fim,
é preciso afastá-lo sem tardança,
deve ter atacado a indefesa criança.
Tomado de terror, atirei sobre o cão,
e ganhando os recessos do aposento
vi meu filhinho salvo, aconchegado ao leito,
sem qualquer sofrimento,
mas um jaguar jazia ali no chão,
certamente abatido por Leal.
O cão, com segurança e eficiência,
liquidara, afinal, a fera perigosa
que penetrara em nossa residência.
Com meu filho nos braços
retornei à presença de meu cão;
ansiava mostrar-lhe a nossa gratidão...
Mas Leal enviou-me um derradeiro olhar.
Sufocado de dor, nada pude falar.
No instante de morrer, no terrível revés,
Leal ainda arrastou-se com cuidado
para beijar-me os pés!..."

O homem calou-se sob o peso da própria dor e depois confessou, chorando:

—"Neste Infinito Espaço em que habitamos,
deve haver um lugar
que acolha os animais, amigos quase humanos,
em plena evolução, à busca de outros planos.
Sempre aceitei os cães por nossos cireneus,
os animais também são criaturas de Deus."

Aquela história viva, ali apresentada, fez o ponto final do entendimento dos amigos. No entanto, o companheiro que falava de Leal, fitando o Azul Imenso, a Pátria de Deus onde vivem todos os seres, acrescentou, consternado, como se transmitisse um recado ao próprio sentimento: —"Deus não me negará resposta à constante oração: hei de achar o meu cão... hei de achar o meu cão!..."

•

As expressões reais de fidelidade são as maiores características do amor que um cão nutre por seus donos. Da história apresentada, cumpre-nos ressaltar o que essa dedicação irrestrita resultou em termos de remorso na consciência do homem, que não soube confiar no animal a que se dedicou por tantos anos.

Uma alma enferma, que se permite tocar por esse sentimento, obstrui os canais da sensibilidade para assimilar com mais profundidade as belezas da Criação. Por isso que a recomendação evangélica, asseverada por João Batista (Mat., 3:2) é a de que, antes de nos deixarmos dominar pelas vibrações doentias do remorso, é fundamental que nos *arrependamos*, postura mental mais adequada às exigências da transformação pessoal.

O homem de coração voltado para a sabedoria de fazer amigos é alguém desperto para uma das grandes necessidades do espírito. A amizade traz a alternativa de abrir caminhos de crescimento pessoal, por conta da colaboração preciosa de seres que nos amam e que tudo fazem para que alarguemos nossos horizontes pessoais.

•

O Espiritismo oferece ao homem, por acréscimo de compreensão, descobertas valiosas quanto ao poder de uma grande amizade, ao proporcionar condições para que o ser devasse o pretérito profundo e descubra que traz consigo, desde tempos guardados no ontem temporariamente esquecido, fortes elos do amor, que ora se manifestam em companheiros de jornada afins com nossas intenções evolutivas.

Alguns desses que nos querem bem já por muitas vidas observam-nos dos planos superiores, não sem antes terem endossado as rogativas da criatura disposta à renovação, feito juízes que colaboram nos preparativos da encarnação, sugerindo detalhes de sabedoria em particularidades da futura luta redentora, a fim de que nos precatemos de derrotas iminentes, ocorridas por obra da imaturidade e orgulho do novo ser, que não amadureceu o suficiente para escolher a melhor batalha a enfrentar na nova experiência carnal.

Emmanuel esclarece[2] que durante a vida esses nobres amigos se transformam em testemunhas constantes do tutelado, *falando-lhe sem palavras* no íntimo da consciência. O instrutor acrescenta que "filhos e pais, esposos e esposas, irmãos e parentes consangüíneos do mundo são protagonistas do drama evolutivo, mas os observadores, em geral, permanecem do outro lado da vida".

•

Apesar disso, há amigos que estão atentos ao nosso lado. O difícil é termos humildade suficiente para escutá-los, quando vem deles alguma verdade desagradável a nosso respeito. É preciso, portanto, saber apreciar o sentimento dos que se arriscam em despertar nosso ódio ao nos alertar para as fraquezas que nos caracterizam.

Nossa imaturidade ainda é tamanha que só percebemos qualidades em nós e só abrimos as portas íntimas aos elogios. É dessa forma que as imperfeições se cristalizam no caráter, com o detalhe de que

---

2. XAVIER, F.C. (Emmanuel). *Pão Nosso.* Cap. 76 ("As Testemunhas"). 6ª ed., FEB.

são vistas por todos, e por nós ignoradas, o que facilita que permaneçam conosco por longo tempo. Quase sempre fugimos dos que no-las revelam, mesmo com a intenção de nos beneficiar, e essa é a característica que nos impede de apreciar com olhos claros a grandeza de uma amizade.

Um amigo chega e socorre, antes de sentir pena do outro. Um amigo esforça-se para entender a verdade que se oculta no que o companheiro não disse. Um amigo não constrange o parceiro nem se esforça por lhe arrancar confissões dolorosas; apenas espera, porque o tempo de uma relação fraterna é infinito, e a pressa pode afastar a oportunidade de novas e profundas descobertas.

O ADVERSÁRIO É MEU INSTRUTOR

Conta Irmão X que Simão Pedro caminhava ao lado de Jesus, entre Cafarnaum e Magdala, quando lhe pediu orientação para descobrir onde poderiam estar nossos maiores adversários. Queria combatê-los, a fim de trabalhar com maior eficiência pelo Reino de Deus.

Diante do silêncio do Senhor, o discípulo insistiu por uma resposta, após o que ouviu do parceiro de caminhada que a experiência tudo revelaria no momento preciso.

Incomodado por ter de esperar, Simão seguiu ao lado do Mestre, quando viu, alguns passos adiante, que alguém se esgueirava por trás de velhas figueiras. O apóstolo empalideceu, declarando que o desconhecido poderia ser um fariseu disposto a assassinar o amigo. Quando tentava agarrá-lo, sob forte irritação, viu que, ao invés de um fariseu, era André, o próprio irmão dele, que surgia sorridente, associando-se à caravana.

Jesus aproveitou o instante e aduziu:

— Pedro, nunca te esqueças de que o *medo* é um adversário terrível.

Mais à frente, o grupo encontrou um levita que recitava passagens da Tora e que lhes dirigiu a palavra, menos respeitoso. Pedro inchou-se de raiva. Reagiu e discutiu, até que o interlocutor fugisse amedrontado. O mestre, até então silencioso, obtemperou:

— Recorda, amigo, que é indispensável o nosso auxílio ao que ignora o verdadeiro bem, e não olvides que a *cólera* é um perseguidor cruel.

Mais alguns passos e encontraram um vendedor de perfumes, que informou sobre um leproso que Jesus curara e que fugira para Jerusalém, onde acusava o Messias de falsas alegações. O pescador não se conteve. Gritou que Zeconias, o ex-enfermo, era um ingrato, relacionou os benefícios que o Mestre lhe prestara e amaldiçoou-lhe o nome.

Jesus, no entanto, chamando-lhe a atenção, lembrou-lhe da necessidade do perdão e acrescentou:

— A *dureza* é um carrasco da alma.

No decorrer da caminhada, avistaram velho romano semiparalítico, que lhes sorriu, desdenhoso, do alto da liteira sustentada pelos escravos fortes. Simão, observando o quadro que ora se apresentava, falou que desejaria curar o pecador impenitente, a fim de dobrar-lhe o coração para Deus.

Jesus, porém, afagou-lhe o ombro e ajuntou:

— Cuidado, amigo. A *vaidade* é um verdugo sutil.

Daí a minutos chegaram à hospedaria de Aminadab, um seguidor das idéias novas. À mesa, Simão entrou a conversar com um liberto de Cesaréia, que destacava os aspectos menos felizes dos acontecimentos políticos da época. Após destacarem os equívocos e desmandos dos poderosos, Jesus perguntou a Pedro se alguma vez ele já houvera ido a Roma. A resposta negativa veio rápida, ao que o Senhor acrescentou:

— Falaste com tamanha desenvoltura sobre o Imperador que me pareceu estar diante de alguém que com ele houvesse privado intimamente. Estejamos convictos de que a *maledicência* é algoz terrível.

Após contemplar a paisagem exterior, o Grande Amigo de Pedro concluiu:

— Pedro, há uma hora procuravas descobrir nossos maiores adversários. De então para cá, apareceram cinco, entre nós: o medo, a cólera, a dureza, a vaidade e a maledicência... Como reconheces, nossos piores inimigos moram em nosso próprio coração.[1]

Através da ação pedagógica do Cristo, que, sem ofender, orientou o apóstolo a mudar de atitude, aparecem-nos os adversários, tais como rigorosos fiscais da ação íntima, a cobrar-nos correção de rumo e justeza de princípios.

---

1. XAVIER, F. C/Emmanuel. *Luz Acima*. Rio de Janeiro, 4ª ed., FEB, 1978, Cap. 31.

Não, não falaremos dos inimigos particulares, que nos surgem do passado na figura de almas machucadas, a cobrar aquilo que consideram de direito, que delas fora retirado sem licença, e que ficou marcado como dor e mágoa, ressentimento e ausência de perdão.

Trataremos dos adversários que nascem dentro do espírito, e que se transformam em instrutores do homem em busca da renovação. Pois que a cada queda moral, eis que eles gritam silenciosamente, alertando a quem tem "ouvidos de ouvir" que é chegada a hora de mudar de rumo, que não é mais correto o ser do amanhã viver com semelhantes características de alma do ontem.

Além do medo, da cólera e das demais emoções primárias já citadas, aparecem ainda o egoísmo, a ira, o orgulho, devastando terrenos férteis, onde poderiam estar sendo plantadas outras sementes, de qualidade superior.

Cabe, pois, ao homem desperto ouvir os reclamos de atenção das características interiores mais profundas. Nelas, escutará nobres forças íntimas a chamá-lo para os caminhos da elevação; ouvirá também, no entanto, os convites das expressões menos dignas que ainda lhe definem o perfil, tentando atraí-lo para atalhos infelizes, cheios de armadilhas sutis.

Amadurecer o lado bom que já trazemos é dever; descobrir com perseverança e empenho o que a inferioridade tenta nos ocultar, extraindo da própria treva a lição que ela traz, é função imprescindível. Só assim, os adversários da evolução serão transformados em instrutores do progresso perene.

O PRÓXIMO É MEU IRMÃO

A madrugada dava adeus aos céus pela imponência da luz matinal, que chegava abençoando as gotas de sereno que rolavam das folhas emolduradas de brilho.

Junto ao túmulo, ficara apenas Maria. As outras — Joana de Cusa, Maria, mãe de Marcos e Maria de Cléofas — correram rumo ao núcleo dos discípulos, a lhes dizer da ressurreição do Mestre[1].

Magdalena estacara diante da surpresa provocada pela aparição do Senhor. Sentindo-O tão próximo, não pôde tocá-lO, mas intuíra da bênção recebida, por Ele ter surgido primeiro aos olhos dela, mulher de baixa condição, segundo o conceito social, porém profundamente amada pelo Rabi.

Desde que fora tocada na intimidade da alma conturbada e carente, Maria nunca mais foi a mesma. Seguia a Jesus, trazia novas amigas para conhecer a

---

1. Mateus 28: 1 a 10.

Sua mensagem. Depois da crucificação e do encontro com o Suave Amigo diante do túmulo, passou a se considerar irmã dos leprosos e doentes. Passava quase o dia todo junto às cavernas do abandono, no Vale dos desesperados, para onde eles se foram, fugindo da perseguição coletiva.

•

As ruas estão repletas. O trânsito confuso e as luzes do cenário urbano caótico despertam a atenção dos que passam. Ali ao lado, alguns becos não recebem o impacto do turbilhão de sons alimentado diariamente pelos seres humanos. O barulho dos automóveis e dos meios de transporte convencionais, do comércio e das pessoas fala mais alto do que os gemidos que surgem da escuridão.

Apenas três mulheres se aproximam do local. Os odores vindos da viela não ameaçam; para elas, devem ser compreendidos como parte do trabalho na Fraternidade, em nome do Senhor. Teresa nota a figura de um homem, carcomido pelo câncer; metade de seu corpo fora devorada pela doença. Todos o haviam abandonado como um caso perdido. Ela, porém, chega-se a ele e começa a lavá-lo com ternura.

A princípio, o doente a recebe com desdém e repulsa. "Como suporta o mau cheiro de meu corpo?", pergunta ele. Em seguida, percebendo que ela está mais atenta em sorrir-lhe enquanto trabalha, comenta novamente:

— A senhora não é daqui. Aqui ninguém se comporta como a senhora.

Passaram-se alguns minutos e, então, o doente terminal murmurou, em meio à dor, uma típica expressão indiana:

— Glória a ti, mulher.

— Não — respondeu Teresa. Glória a você, que sofre com o Cristo.

Sorriam um para o outro. O sofrimento do doente pareceu acabar. Ele morreu dois dias depois, junto a um leito no lar para os moribundos, que as Missionárias da Caridade construíram em Calcutá[2].

•

Nos finais de tarde, Maria reunia as crianças leprosas no alto do monte, próximo à entrada do Vale, para juntos acompanharem o pôr-do-sol e entoarem cantigas de louvor ao Senhor da Paz.

Ali, ao mesmo tempo que cantavam, faziam comentários sobre as belezas da vida e o profundo respeito que cada ser humano merece, no imenso repertório de manifestações que a humanidade traz em cada um de seus filhos.

À medida que falava com os pequenos, que facilmente aprenderam a amá-la, Maria recordava-se de suas horas de ostentação e conforto, no calor da juventude. Lembrou-se, então, do dia em que viu

---

2. EGAN, E. *Madre Teresa.* São Paulo. Ed. Gente, 1996.

passar um homem diferente, de uma beleza nunca antes vista, que a tocara mais pelo incômodo das vibrações que trazia do que pela formosura dos traços galileus.

Naquele tempo, perdida em meio aos odores dos prazeres vendidos, ela ouviu, no íntimo que já ansiava por mudanças definitivas, uma voz inarticulada, que lhe afirmava com inesquecível sentimento:

— Tu tens muitos amantes. Entretanto, só Eu te amo. Os outros homens amam a si mesmos quando te procuram. Eu te amo por ti mesma. Os homens vêem em ti uma beleza que desaparecerá mais cedo que os próprios anos. Mas Eu vejo em ti uma beleza que não esmaecerá. No outono de teus dias, essa beleza não sentirá vergonha de se olhar no espelho[3].

Chamada por uma criancinha que lhe pedira colo, Maria voltou a atenção para seus dias presentes e, cantando, tocou com as mãos delicadas as feridas da pequena menina, deixando ali um pouco de ungüento, a fim de lhe amenizar a dor.

•

As famílias de posse, pertencentes à alta classe indiana, sempre visitam as obras das Missionárias da Caridade. Certo dia, um casal em visita interessou-se em levar uma criança abandonada, que vivia no Lar.

Passados alguns meses, Teresa soube que a

---

3. GIBRAN, K. *Jesus, o Filho do Homem.*

criança ficara muito doente e inválida, apesar do carinho e atenção dos pais adotivos em oferecer-lhe o melhor para curar-se. Ela procurou a família e pediu que lhe devolvessem a criança e ela lhes daria outra, sadia.

O pai olhou para a servidora, sentindo que ela os queria poupar do sofrimento, e afirmou:

— Madre, tire-me primeiro a vida, depois leve minha filhinha.

Ele havia aprendido a amar a menina de todo o coração.

Em Calcutá, todas as noites as religiosas enviam um recado a clínicas, delegacias de polícia e hospitais da cidade, pedindo: "Não maltratem as crianças. Nós as aceitaremos". Por essa razão, a casa das servidoras está sempre cheia de menores. Corre, inclusive, uma piada em Calcutá, contando que Madre Teresa está sempre falando de planejamento familiar, mas, com certeza, ela não o pratica: o número de seus filhos aumenta dia a dia.

Naquela noite, uma visitante lhe procurou, para falar de dificuldades íntimas na realização de certas tarefas no bem. Teresa respondeu-lhe, com convicção:

— Filha, o amor não pode ficar sozinho. Tem de ser posto em ação e essa ação é o serviço. Como pomos em ação o amor a Deus? Sendo fiéis à nossa família, aos deveres que o Pai nos incumbiu. Qualquer aparência que tenhamos, quer sejamos capazes ou não, ricos ou pobres, não é quanto fazemos, mas com quanto amor o fazemos. É preciso, portanto, partilhar com os outros uma vida inteira de amor.

•

Eles se avizinham de nossos passos. Alguns de forma espalhafatosa, gritando ao mundo as dores de que se sentem vítimas. Outros chegam silenciosamente, ocultando as marcas do sofrimento em sorrisos largos, mas destituídos da vibração pura da alegria espontânea. E ainda há os que são portadores da felicidade legítima, que deixam marcas de otimismo e positividade por onde passam.

O próximo está, desta forma, partilhando conosco da vida onde nos encontramos — em casa, no trabalho, na rua, na escola, na vida mental e emocional, no ambiente religioso. Mesmo assim, esmagadora maioria não consegue compreendê-lo desta maneira, preferindo viver como se fosse descomprometida com as exigências comuns à vida social.

É preciso aprender a elevada tarefa de participar da luta coletiva. Para isso, é necessário sair, cada dia, de si mesmo e buscar sentir a dor do vizinho, as carências do amigo, as necessidades íntimas do irmão e ajudar com as forças que nos estão disponíveis. Guardar-se em si mesmo, nesta hora, é abrir campo para o predomínio do egoísmo centralizador.

Emmanuel comenta que "em qualquer parte do Universo, somos usufrutuários do esforço e do sacrifício de milhões de existências"[4]. Daí o dever de cedermos algo de nós mesmos em favor dos outros, pelo muito que os outros fazem por nós.

•

Conta-se que a primeira mulher que Teresa socorreu nas ruas de Calcutá estava caída em um canto, meio comida pelos ratos e pelas formigas. A madre levou-a ao hospital, mas nada puderam fazer por ela. A irmã não saiu do local enquanto não internassem a pobre criatura. Após isso, foi até a prefeitura pedir um local para iniciar os trabalhos de socorro à população carente e abandonada.

Tempos depois, quando o Lar já havia sido levantado e milhares de mendigos e crianças atendidos com desvelado amor, Teresa comentou, reforçando a lição da perseverança na prática da caridade:

---

4. XAVIER, F. C./ Emmanuel (Espírito). *Fonte Viva.* Rio de Janeiro, FEB, 9ª ed., 1980.

Não deixe de ler:

— *Primícias do Reino.* O livro, de autoria do Espírito Amélia Rodrigues (por Divaldo Franco), traz, no capítulo 17, belíssima reflexão sobre Maria de Magdala.

— *Há Flores no caminho.* Da mesma autora espiritual, este livro traz, no capítulo 24, outros comentários sobre a ressurreição de Jesus e o encontro com Maria.

— *Boa Nova.* Esta obra, do Espírito Humberto de Campos (por F. C. Xavier) dedica um capítulo, o vigésimo, à vida grandiosa de Maria Madalena.

— Talvez, se eu não tivesse recolhido aquela primeira mulher na rua, não teria recolhido milhares. É preciso, portanto, pensar no primeiro impulso, na importância do primeiro gesto. É o jeito de começar.

•

Teresa e Maria de Magdala! Dois tempos distintos, duas forças semelhantes na coragem de vivenciar o amor pela humanidade. Vidas que descobriram que o mundo tem fome de Deus, e viveram para matar a sede do Cristo, expressa na dor dos chagados pela indiferença do abandono.

Maria e Teresa. Vozes que clamam pela grandeza das pequeninas coisas — o amor pela solicitude, pela bondade, pela alegria compartilhada, pelo sorriso oferecido espontaneamente. Vozes afins, que aprenderam a ouvir a dor da fome, ao mesmo tempo em que escutavam a voz de Deus nos próprios corações.

Duas canções do Bem, duas maneiras de se definir o perfil do homem regenerado, morador do mundo de amanhã.

A LUTA É MINHA OPORTUNIDADE

Naquele domingo, a aula seria sobre o dia dedicado aos pais. Preparamos os textos de apoio aos trabalhos de sala, que serviriam de base para os diálogos com a turma, formada por crianças de 9 e 10 anos. O centro fora aberto poucos meses antes, em um bairro localizado na periferia da cidade.

Logo nos primeiros encontros com a comunidade local, os pequenos chegaram alegres, interessados em conhecer o novo núcleo de trabalhos religiosos, já que diversas outras religiões já estavam atuando na região, e eles queriam conhecer como seriam realizadas as atividades na nova casa.

A figura do pai era o tema central daquela aula. Como a proposta de evangelização era baseada no construtivismo piagetiano, acrescido dos postulados espíritas[1], o conteúdo fora inteiramente trabalhado para que os aprendizes, tanto quanto nós, aprendêsse-

---

1. Uma obra que sugiro como fundamental para a compreensão da importância da pedagogia espírita, aliada ao Construtivismo, é *A Educa-*

mos em conjunto as lições que brotassem das experiências de cada um.

Trabalhávamos a confecção de pequenas flores de papel, que seriam levadas depois para casa, como oferenda dos filhos aos pais, quando um menino de nove anos fez uma indagação. Com uma florzinha na mão miúda, o garoto perguntou se poderia entregar a mim aquela lembrança, como presente pelo dia em estudo.

Toda a sala, de aproximadamente 15 crianças, dirigiu a atenção para o menino. Emocionado com aquela declaração espontânea de carinho, perguntei se não seria um motivo de alegria para o pai receber dele uma flor como demonstração de afeto. O menino respondeu, pensativo:

— Tio, como o senhor sabe, eu trabalho aqui perto, numa olaria; pedi ao patrão que me pagasse todo dia, para que eu pudesse levar leite e pão para minha família. Meu pai faz diferente. Sai para a rua atrás de um serviço qualquer que apareça; às vezes, quando consegue alguma coisa, passa primeiro no botequim e gasta quase tudo com bebida.

Depois de uma pequena pausa, prosseguiu:

ção do Espírito — Introdução à Pedagogia Espírita, de Walter Oliveira Alves. A edição é do IDE, de Araras, SP, 1997. O livro trata com muita propriedade das mais importantes escolas pedagógicas da história, e insere o Espiritismo como uma revolucionária forma de educar, por incluir no "currículo" básico as noções mais corretas de imortalidade da alma, reencarnação, mediunidade, pluralidade dos mundos habitados e Deus como Regente Supremo das Leis Universais. O texto é de fácil assimilação, facilitada por inúmeras ilustrações.

— Quando ele chega em casa, está bêbado e nervoso. Acaba descontando em mim um pouco da raiva que sente da vida. Eu acho que já estou até acostumado, tio; o que eu não suporto é quando ele parte para cima de minha mãe, e bate até machucar. Cada tapa que ele dá nela dói mais em mim, tio. Eu não consigo acreditar que um homem possa bater tanto numa mulher, de quem deveria gostar... Por isso, eu te peço, será que posso te dar essa flor, em vez de oferecer para o meu pai? Se eu der para ele, no outro dia a florzinha vai estar jogada no córrego que passa ao lado do nosso barraco.

Profundamente tocado com aquela confissão pública de carência afetiva, olhei para cima da mesa e vi que haviam sobrado algumas flores; pedi-lhe, então, que pegasse uma daquelas e me oferecesse. Ele assim o fez, e trocamos um longo e caloroso abraço.

Depois, o amiguinho voltou a perguntar:

— E o que faço com essa rosinha?

— Dê para o seu pai — respondi. Não importa se amanhã ou depois ele vai jogá-la fora. O que interessa é que você terá vivenciado um nobre gesto de amor. Um dia, quando ele estiver em condições de compreender isso, a luz da sua atitude, que não se terá apagado, vai agir da forma mais adequada no coração dele, mostrando-lhe que o bem renegado outrora não se acaba jamais, e permanece elevando aquele que o pratica.

•

Aula concluída, muitas lições a refletir. Quantos pais abandonam os compromissos familiares, deixando tarefas de responsabilidade nas mãos de crianças que nem tempo têm para viver a infância. Tornam-se adultas antes da hora; sustentam o lar com o que recolhem de esmolas ou de trabalhos passageiros, agravando o quadro social, formado pelas péssimas condições de subemprego infantil.

Naquela sala de evangelização espírita infanto-juvenil, foi possível sentir a diferença entre aquele que é meramente genitor dos que efetivamente exercem a paternidade. O primeiro sentimento que legitima essa característica é o amor em ação, que se manifesta através do carinho, do toque, da proteção à criança. Para esse menino, a luta que gera possibilidades começou antes do tempo.

Diante do quadro, alguns que observam a situação, apegados a reflexões unilaterais do pensamento espírita, podem argumentar que estas crianças são espíritos altamente comprometidos, que trazem do passado a necessidade do resgate, pelo mau uso dos recursos econômicos que tiveram em mãos.

Não que a hipótese esteja incorreta, mas com certeza, está inadequada. Não há justificativa plausível para a situação de miséria em que se encontram milhões de pessoas no país, nem que a tentativa de explicação seja "espírita". Nada justifica a extrema pobreza em que vivem quase dois bilhões de pessoas no planeta, senão o extremo egoísmo dos homens, que se preocupam sobretudo em ajuntar mais e mais riquezas, ainda que essa atitude resulte em miséria absoluta para tantos outros.

É chegada a hora do ser integral, renovado na consciência e no coração, desenhar em si mesmo o perfil do homem de bem, tal como apregoa Allan Kardec em *O Evangelho segundo o Espiritismo*[2], e trabalhar por um mundo diferente.

Onde houver miséria, que ele leve um pouco de alimento, mas não se esqueça de ensinar o próximo a buscar recursos para se auto-sustentar. Se a pobreza for moral, o que pode estar acontecendo agora no interior da mais rica mansão da cidade, que sua alegria e confiança em uma vida equilibrada seja mais forte do que as palavras que porventura venha a falar.

Onde houver sofrimento e dor, que ele compareça com o remédio que ameniza a agressão das chagas. Se as feridas, porém, forem íntimas, que ele se transforme em um amigo confiável, retrato mais puro da consolação sugerida pelos amigos espirituais, para que os necessitados tenham com quem partilhar.

Onde houver revolta, que ele chegue com a paz interior.

Onde houver desânimo, que ele prove o quanto

---

2. *O Homem de Bem.* FEB, 1995, Cap. XVII, págs. 284 a 287.

a confiança na realidade espiritual lhe motiva os passos nesta existência, apesar dos desamores e perdas.

Em todas as circunstâncias, é preciso mostrar que a luta bem compreendida é sempre um valioso recurso de elevação pessoal.

Sofrer, em si, é muito ruim. Saber sofrer, no entanto, é fundamental para a construção da felicidade interior. Tirar lições definitivas das experiências amargas é o que pode engrandecer o homem, caso ele se disponha a elaborar conquistas permanentes.

Cada luta, uma oportunidade. Cada embate vitorioso, mais luz na alma. Este o nosso caminho.

O PASSADO É MINHA ADVERTÊNCIA

O passado mora em nós. Está vivo no presente, no ato de agora. Tal como o futuro, ele colabora com o hoje na elaboração da atualidade. As três forças que compõem o tempo nunca se separaram, porque, da mesma forma que significam dimensões diferentes no todo, estão intrinsecamente comprometidas umas com as outras.

Aristóteles foi um apaixonado pela pesquisa sobre o tempo. De acordo com estudo feito por Hermínio Miranda[1], o filósofo grego entendia o tempo como uma quantidade contínua de passado, presente e futuro, como um todo. O hoje, ou o *agora*, é uma partícula indivisível de tempo, encravada entre passado e futuro e que, de certa forma, tem que pertencer um pouco a cada um deles. Diz o pensador que o *agora* é o fim e o princípio do tempo, não ao mesmo

---

1. MIRANDA, H. *A Memória e o Tempo* (2 vols). São Paulo, 1ª ed., Edicel, 1981.

tempo, mas o fim do que passou e o início do que virá.

Para Agostinho, ainda dentro da pesquisa de Miranda, esse momento, de sutilíssima passagem e difícil apreensão intelectual, passa por nós a uma velocidade tão fantástica que não lhe resta nenhuma extensão de duração. Hermínio aproveita para sugerir a conclusão de que o presente não existe — seria um mero ponto abstrato, onde uma eternidade futura está em contacto com outra eternidade passada.

E que tal verificarmos esse conjunto de forças cósmicas em manifestação dentro do espírito? Foi o que o Espírito Calderaro demonstrou a André Luiz, no livro *No Mundo Maior*[2].

O Instrutor Espiritual explica que o ser humano traz, em sua constituição cerebral, como que um castelo com três regiões distintas, ou com três andares, para melhor entendimento. "No primeiro — esclarece Calderaro — situamos a residência de nossos impulsos automáticos, simbolizando o sumário vivo dos serviços realizados; no segundo encontra-se o 'domicílio das conquistas atuais', onde se erguem e se consolidam as qualidades nobres que estamos edificando no presente; no terceiro, está localizada a 'casa das noções superiores', indicando as alturas e propósitos que nos cumpre atingir."

---

2. XAVIER, F.C. *No Mundo Maior*. Rio de Janeiro, 20ª ed., FEB, 1995, Caps 3 e 4.

Num dos andares moram o hábito e o automatismo; no outro, o esforço e a vontade; no último, o de *cobertura*, demoram o ideal e a meta superior a ser alcançados. Calderaro esclarece que "distribuímos, deste modo, nos três andares, o subconsciente, o consciente e o superconsciente. Como vemos, possuímos em nós mesmos o passado, o presente e o futuro".

A conclusão imediata que podemos tomar dessas afirmações é lógica: somos Espíritos imortais, herdeiros do Infinito, seres que carregamos, em nós mesmos, todas as dimensões do tempo, tenha ele a configuração que tiver, conforme as idéias de Aristóteles e Agostinho.

No livro em estudo, André Luiz ensina que as conquistas multimilenares vividas pelo Espírito são conservadas pelo perispírito e transformadas em patrimônio permanente do ser. O próprio corpo espiritual é um manancial de conquistas da criatura em evolução, com o arcabouço de campos nervosos sutis, que permitem a fixação das experiências definitivas do homem, em aprendizado de evolução pela vida.

De acordo com as explicações de Calderaro, o homem possui o futuro em si mesmo, através da sustentação do ideal, de metas a serem cumpridas. Ele localiza, nos lobos frontais, a área em que o homem vai estruturar suas conquistas futuras, de caráter espiritual. Essa patrimônio recente dos esforços evolutivos da humanidade ainda será arduamente explorado, em favor da evolução e da paz universal.

•

De pouco adianta o homem só olhar para o futuro se não solucionar suas amarras com o passado. A transmutação de emoções primitivas, sustentadas durante o trajeto da evolução, em focos geradores de elevação espiritual só se faz através do esforço concentrado e atento, do envolvimento afetuoso e racional com obras e ideais renovadores, que vão, aos poucos, iluminando o Espírito por dentro, pela convivência habitual com formas mais elevadas de existir.

Durante a encarnação, o homem convive constantemente com estímulos exteriores, que vão despertando aos poucos as potências já mexidas no passado. Com base nas experiências vividas, ele vai sedimentando novas estruturas para dar prosseguimento à evolução, sem perda de continuidade, sem deixar claros em sua rota.

Somos todos seres em projeto de avanço para um tempo melhor. As advertências aparecem toda vez que do passado chega uma emoção incompatível com as perspectivas de um futuro mais equilibrado. Cabe-nos estudá-la a fundo, sem pré-julgamentos, para que ela, que é também uma parcela de nossa verdade real, seja burilada para melhor. De nada nos adiantará abafar tendências ou sublimar desvios de conduta se essa atitude não for realizada com orientação segura, com conhecimento das causas, com muito estudo doutrinário e diálogo libertador com os que sabem mais do que nós.

Os verdadeiros irmãos, aqueles a quem Paulo sugeriu que buscássemos, ao afirmar que nos confessássemos uns aos outros, vão nos abrir os caminhos, ao invés de fechá-los; eles aprendem com nossas angústias, sem a pretensão de se transformar em nossos mestres; ajudam-nos a encontrar a chave da porta, ficando felizes com a nossa libertação responsável, e aproximam-nos da verdade, ao sugerir que compreendamos os fatos por maneiras diferentes da que estamos habituados a entender.

O compromisso com a realidade do presente modifica o coração do homem interessado na elevação de si mesmo. Segundo o Benfeitor Espiritual Francisco Malhão[3], surgem, a cada hora, no caminho desse ser, mil surpresas inquietantes, como as ruínas do temporal, o bote da serpente oculta, os seixos pontiagudos da estrada, a soturna visão do pântano.

Recompensas? Ele sugere que o trabalhador não aguarde os prêmios da Terra. Diante do panorama de realizações a serem encetadas, ele conclui afirmando que "enquanto peregrinares entre os homens, o teu

---

3. XAVIER, F. C. *Falando à Terra*. Rio de Janeiro. 4ª ed., FEB, 1983, pág. 153.

prêmio virá do perfume das flores, da luminosa vestidura da paisagem ou do caricioso beijo do vento".

•

Reunir passado e futuro na expressão mais nobre de um presente renovado. Esta a nossa meta, este o nosso desejo.

O PRESENTE É MINHA REALIDADE

Pediram-me para falar o que faço, sobre meus sonhos e caminhos. Tudo isso em cinco minutos. Uma tarefa impossível, mesmo que eu não tivesse Síndrome de Down.

As palavras do canadense David McFarlene, e de outros cinco adultos, sacudiram a platéia que lotava o salão do Hotel Swan para a abertura oficial do Congresso referente à V Conferência Internacional de Síndrome de Down, realizada em Orlando, EUA, em agosto de 1993.

Durante os cinco minutos concedidos a cada um deles para que dessem seu recado, eles fizeram muito mais. Deixaram em cada um dos presentes a certeza de que toda pessoa com a síndrome é capaz de atingir suas potencialidades. A nós cabe encorajá-las e assegurar-lhes as oportunidades para atingi-las. Neste ponto, eles foram unânimes.

Este relato, apresentado em um dos mais importantes livros sobre os Down já publicados no

Brasil[1], divulga outras informações sobre a vida desses seres que, quando chegam em nossas vidas, vêm para ocupar um espaço definitivo nos corações, com tamanha força que modificam para sempre nossa forma de encarar as dificuldades da existência.

Na mesma conferência, outro rapaz, o americano Mitchell Lewitz, 22 anos, deixou claro que o sucesso de uma pessoa com a síndrome depende da fé em si mesmo. Ativo politicamente, Mitchell já foi assessor de dois deputados estaduais, defendendo os direitos dos que trazem em si os sintomas. "Luto por direitos iguais, em todos os níveis, para evitar segregação nas escolas, comunidades, e para termos as mesmas oportunidades de emprego."

•

A causa da Síndrome de Down foi descoberta pelo cientista francês Jerome Lejeune em 1958. Estudando os cromossomos de algumas pessoas, ele percebeu que ao invés de terem 46 por célula, agrupados em 23 pares, tinham 47, ou seja, um a mais. Algum

---

1. WERNECK, Claudia. *Muito prazer, eu existo.* Rio de Janeiro, 2ª ed., WVA Editora, 1993.

Comentário: Esse livro é de fundamental leitura para quem deseja conhecer a realidade em que vivem as crianças portadoras da síndrome de Down, bem como para os pais e casais que querem saber mais a fundo sobre o processo da gravidez. A autora, jornalista que estudou a fundo o tema, entrevista diversas autoridades médicas e apresenta números estatísticos e relatos importantes sobre o tratamento e as condições em que se encontram os Down, não só no Brasil, mas em todo o mundo.

tempo depois, Lejeune identificou este cromossomo extra justamente no par 21, que em vez de dois, passava a ter três cromossomos. Por isso a Síndrome de Down é também chamada de *trissomia do par 21*.

Trata-se de um acidente genético que pode acontecer com qualquer casal, em qualquer idade. O termo síndrome significa um conjunto de sinais e de sintomas que caracterizam um determinado quadro clínico. No caso em tela, um dos sintomas é a deficiência mental. Em razão do excesso de material genético, provocado pela anomalia cromossômica, várias reações químicas, essenciais ao bom desempenho dos sistemas do organismo, não se fazem de forma apropriada.

O termo *Down* foi uma homenagem prestada por Lejeune ao cientista inglês John Langdon Down, que, em 1866, questionou por que algumas crianças, mesmo filhas de pais europeus, eram tão parecidas entre si e tinham traços que lembravam a população da raça mongólica, principalmente pela inclinação das pálpebras, similares à dos asiáticos. Na época, ele afirmou que "o cabelo não é preto, como acontece com o povo mongol, mas de uma cor amarronzada, além de serem ralos e lisos. A face é achatada e larga. Os olhos são oblíquos e o nariz é pequeno. Estas crianças têm uma considerável capacidade de imitar".

O quadro de lutas e esforços para superação dos limites, por parte dos que têm a síndrome, despertam em nós reflexões gravíssimas, acerca do que a sociedade carrega ainda de preconceito para com os Down. Quantas restrições nossos irmãos em luta passam por causa da falta de informação de educadores e comunidades, que preferem afastá-los da convivência com os grupos, como se essa característica morfogenética não pudesse nunca ocorrer dentro de suas próprias casas.

O receio de não gerar um filho saudável e perfeito é comum a todos os casais. A evolução da ciência permite hoje que se façam exames detalhados sobre a saúde do bebê, mesmo antes do nascimento. O que provoca apreensão nos que compreendem a vida como algo que vai além dos limites de uma única encarnação, é o fato de alguns pais, assim que detectam, através dos exames preventivos, que seu futuro filho tem problemas de ordem genética ou de qualquer outra espécie, decidem provocar o aborto programado, para não terem de sofrer com a presença de uma criança deformada e carente de atenção por longos anos de existência.

Não poderia ser pior essa forma de lidar com os recursos tecnológicos. A ciência avança para ampliar, sobretudo, a consciência do homem, tornando-o capaz de assimilar a grandeza do que significa viver. Ter nas mãos a possibilidade de decidir sobre o nascimento ou não de uma criança é sempre um ato de extrema responsabilidade, o que, por si só, justifica a necessidade da busca permanente de conhecimentos sobre o que existe além da vida, para que nossas decisões não sejam caracterizadas pelo imediatismo e pela pequenez de um horizonte egoísta, que permite vejamos somente até a ponta de nossos próprios dedos.

•

A notícia chega ao lar. A expectativa do nascimento de uma criatura linda e saudável é marcada pela informação de que o bebê tem características de *mongolismo*, como vulgarmente(e equivocadamente) a síndrome é chamada[2]. Começa um novo período de adaptação da família, para aceitar o fato de que o bebê que acaba de entrar em sua vida tem detalhes que o tornam diferente... e especial.

Obviamente, o casal vai passar por um período de luto pela *morte* do filho saudável que tanto imaginaram mas que não nasceu. Os estudiosos do fato entendem que superar esse período é fundamental para que toda a família consiga estabelecer vínculos afetivos verdadeiros com o bebê real que tanto depende deles para sobreviver.

É chegado o momento de aceitá-lo com todas as suas limitações. Permitir que a tristeza advinda da chegada de um filho *diferente* venha, cresça, incomode, machuque é uma atitude muito mais saudável do que aparentar autocontrole só para não criar cons-

2. O termo *mongolismo* é evitado pelos profissionais da saúde por causa da carga de preconceito que a palavra carrega.

trangimentos entre a família e os outros filhos. É preciso desafogar a alma de sentimentos que possam afastar, em vez de aproximar.

Na verdade, todos dentro de casa, dos pais aos filhos, têm de se reestruturar emocionalmente. Aos poucos, a consciência de que cada criança tem em sua estrutura um fator genético e outro ambiental começa a modificar o lar, fazendo com que a chama interna do amor que todos trazem inata comece a modificar a relação com o bebê, com o bercinho, o quarto, a casa, e nela passe a morar também o desejo pela estimulação necessária, pela educação e pelos cuidados básicos, fatores esses que dependem da ajuda de todos. Quanto mais úteis todos se sentirem, mais confortados em termos emocionais estarão.

•

O Espiritismo surge em nossas vidas como o sol invade as trevas da madrugada, dissipando a escuridão em nome de um novo dia. O consolo das informações corretas acerca do ontem tem o poder de colocar-nos em sintonia com a dignidade de viver, fazendo de nosso presente uma porta aberta para a construção de um amanhã feliz.

Allan Kardec estuda, em *O Evangelho segundo o Espiritismo*[3], no item referente às causas anteriores

---

3. KARDEC, Allan. *O Evangelho segundo o Espiritismo*. Rio de Janeiro, 85ª edição, FEB, 1982, Cap. V, itens 6 em diante.

das aflições, que há males que parecem atingir o homem como por fatalidade. Tais são, como exemplo, a perda de seres queridos; os arrimos de família, os acidentes que nenhuma providência poderia impedir; os reveses de fortuna que frustram todas as medidas de prudência; os flagelos naturais e as enfermidades de nascimento, sobretudo as que tiram aos infelizes os meios de ganhar sua vida pelo trabalho, como as deformidades, a idiotia, o cretinismo, etc.

O Codificador questiona, ainda, o que dizer dessas crianças que morrem em tenra idade e não conheceram da vida senão o sofrimento? Problemas que nenhuma filosofia pôde resolver, anomalias que nenhuma religião pôde justificar, e que seriam a negação da bondade, da justiça e da providência de Deus. Kardec apresenta outra questão, de igual profundidade das demais: "que fizeram essas almas, que para alguns acabaram de sair das mãos do Criador, para suportar tantas misérias neste mundo, e merecer, no futuro, uma recompensa ou uma punição qualquer, quando não puderam fazer nem o bem nem o mal?"

Na seqüência do capítulo, o professor lionês esclarece, aos que enxergam a vida pelo enfoque míope de uma só existência, que essas misérias são efeitos que têm uma causa; desde que se admita um Deus justo, essa causa deve ser justa. "Ora — diz Kardec — a causa precedendo sempre o efeito, uma vez que não está na vida atual, deve ser anterior a ela, quer dizer, pertencer a uma existência precedente."

Os sofrimentos, portanto, por causas anteriores, conforme explica Kardec, são, freqüentemente, como os das faltas atuais, a conseqüência natural da falta cometida. Por uma justiça rigorosa, o homem suporta, na realidade de seu presente, o que fez os outros suportarem; se foi duro e desumano, ele poderá ser, a seu turno, tratado duramente e com desumanidade; se foi orgulhoso, poderá nascer em condição humilhante; se foi avarento e egoísta, poderá ser privado do necessário; se foi mau filho, poderá sofrer com os próprios filhos.[4]

•

O médium Chico Xavier respondeu, certa vez, em um programa de televisão[5], sobre a condição dos chamados excepcionais. Para ele, a criança excepcional sempre o impressionou, pelo sofrimento de que é portadora, não somente em se tratando dela mesma, mas também dos pais.

Na visão de Emmanuel, segundo a mesma entrevista, a criança excepcional é o suicida reencarnado. Os remanescentes do ato praticado acompanham a criatura que cometeu a autodestruição, e ela acaba

---

4. Op. Cit., Cap.V, item 7.

5. SILVEIRA, Adelino. *Chico, de Francisco*. Jabaquara (SP), 2ª ed., CEU Editora, 1987, pág. 91.

voltando à Terra com as características que levou daqui mesmo.

Conforme o texto, Chico afirma que se uma pessoa espatifou o crânio e o projétil atingiu o centro da fala, ela volta com a mudez. Se atingiu apenas o centro da visão, volta cega, mas se feriu regiões mais complexas do cérebro, vem em plena idiotia, e aí os centros fisiológicos não funcionam.

Se ela suicidou-se, mergulhando em águas profundas, vem com a disposição para o enfisema pulmonar. Se ela se enforcou, vem com a paraplegia, que pode ocorrer, por exemplo, depois de uma queda simples, pelo fato da vértebra deslocada no ato do suicídio voltar mais fraca no novo corpo.

A esquizofrenia, de acordo com a resposta de Chico, é o resultado da condição mental do ser que se suicidou após haver cometido homicídio. O complexo de culpa adquire dimensões tamanhas que o quimismo do cérebro se modifica e vem a esquizofrenia como uma doença verificável, através dos líquidos expelidos pelo corpo.

Na mesma entrevista, o médium mineiro faz uma observação importante. Afirma que a criança com características mentais diferenciadas sente, ouve, registra e sabe de que modo está sendo tratada; ela é profundamente lúcida na profundidade do próprio ser. Certa feita, contou, uma senhora o procurou em Uberaba e disse:

— Sou mãe dessa criança excepcional. Sinto-

-me uma pessoa amarga, sofro muito. O que Emmanuel diz pra mim? E o mentor respondeu:

— Minha filha, a maternidade é um privilégio que Deus concedeu à mulher. Toda mulher desfruta desse privilégio da Providência Divina, mas os filhos excepcionais são confiados tão-somente às grandes mulheres, que demonstram uma capacidade de amar até o infinito.

•

Ao nos referirmos, neste capítulo, às crianças especiais, com destaque para as com Síndrome de Down, quisemos fazer uma relação entre a experiência atual de vida delas e as possíveis relações dos fatos do presente com as causas elaboradas no passado, em anteriores existências, já que nessa etapa reencarnatória elas nada fizeram que justificasse algum tipo de *punição* por erros cometidos.

Para o bem da verdade, vale destacar que, segundo o Espiritismo, Deus não pune ninguém. É a própria criatura que, diante da consciência — sublime recanto interior onde a noção justa da Lei de Amor reside em si — resolve determinar tudo que lhe é necessário viver para resgatar seus débitos para com o Equilíbrio Universal.

No caso estudado, não só o filho está incurso na *reeducação* de si mesmo, mas igualmente todos que lhe compartilham o ambiente familiar. A união dos esforços faz com que, em breve futuro, todos constatem as melhoras, e passem a preparar os caminhos para, aí sim, não mais expiarem faltas e reparar estragos do passado, mas sim arar a terra e trabalhar a sementeira do amanhã, melhor e mais leve, totalmente desanuviado das manchas obscuras do passado delituoso.

O Espiritismo nos sugere que, toda vez que vejamos alguém conduzindo um filho excepcional pelas ruas, tenhamos o desejo sincero de rogar ao Alto, em prece, por aquela mãe, ou aquele pai. Eles foram corajosos o bastante para aceitar e receber, dentro de casa, aquele ser que trouxe no próprio corpo e no psiquismo as marcas do resgate. Roguemos, também, por nós, se estivermos nessa condição, para que as belezas da vida, enviadas incessantemente por Nosso Pai, suavizem nossas dores, a fim de que, sendo fiéis nessa boa luta, possamos merecer, mais à frente, a paz de consciência de que tanto precisamos.

O FUTURO É MINHA PROMESSA

O quadro diante de nossos olhos feriu a sensibilidade e despertou-nos o ensejo da reflexão. Uma criança caída em uma calçada, aparentemente desmaiada, mas na verdade inerte pelo uso excessivo do crack, a pedra que mata.

Pernas estiradas, braços jogados para os lados, uma camisa com tonalidades azuis e dizeres em inglês. Os pés sujos e algumas pulseiras no pulso direito completam a imagem. O menino, um mulato com cerca de nove anos de idade, permanece caído e não desperta a atenção dos que passam.

A impressão que fica é a de que não passa pela mente ou emoção de ninguém que aquela criança tenha, talvez, a mesma idade que o filho deles, com necessidades semelhantes, como o desejo de ter um brinquedo, ou uma roupa melhor, ou pais que lhe dêem amor e atenção. Nada disso... os homens passam rápidos, preocupados apenas em não perder tempo e a condução, a fim de chegar cedo em casa e dormir até o dia seguinte.

Enquanto a criança continua caída, outras mensagens de clamor são silenciosamente alardeadas pela vibração das sarjetas, dos becos e vielas escuras. A velocidade sedentária do imediatismo impede as criaturas de ouvirem os gemidos da fome, os reclamos por amparo e alimento espiritual.

Diz-se que as crianças que perderam o endereço de casa e passaram a viver nas ruas fumam crack dias a fio por causa da fome, do frio e da solidão. Debilitadas, podem morrer por overdose ou inanição. O rastro de morte e desespero deixado por essa droga, a mais devastadora já fabricada pela ganância humana, estabelece números terríveis. Às primeiras tragadas, ela vicia de forma inapelável, escravizando o usuário e matando-o de forma fulminante.

O efeito destruidor chega ao cérebro em apenas oito segundos. Lá, a droga superexcita os impulsos nervosos e dá ao viciado uma sensação de frenética euforia. Aí reside a dependência e a necessidade de fumar cada vez mais, em doses maiores e em intervalos menores. Após pouco tempo de uso, a pessoa pode morrer por hemorragia cerebral, convulsão ou infarto agudo.

Os traficantes, aqueles que vivem e enriquecem da exploração e venda do produto tóxico, chegaram a um dilema com relação ao crack. Eles começaram a perceber que a droga é prejudicial a seus negócios. O efeito é tão devastador que eles não teriam muito lucro com o viciado. Ele morre rápido demais.

E a realidade em volta é o grande alerta para quem tem olhos de ver e coração para sentir. É preciso estar desperto para não ser engolido por essa onda de horror social, e descobrir qual o sentido do pedido de socorro que todo adicto (escravo das drogas) faz, ao mergulhar na sintonia com o vício.

Segundo o psicólogo argentino Eduardo Kalina[1], profundo estudioso do assunto, a constatação de que uma criança, ou um jovem, ou um adulto é viciado em drogas provoca um profundo mal-estar na sociedade. A marginalização social do drogado responde, dessa forma, à necessidade que ela, a sociedade, tem de manter ocultas ou dissociadas suas próprias contradições.

O adicto é a pessoa que, no caso, não suportou mais a pressão exercida sobre o seu equilíbrio pela alienação familiar, em primeiro lugar, e social depois. Ele tenta uma solução psicótica para seus transtornos, e aí esbarra com o reduzido grau de tolerância do meio em conviver com suas próprias incongruências.

Instalado o drama, começa-se a caça às bruxas. Enquanto o menino de roupinha azul continua desmaiado na calçada imunda, os homens fazem a pri-

---

1. KALINA, E. e KOVADLOFF, S. *Drogadicção — Indivíduo, Família e Sociedade*. Rio de Janeiro, 3ª ed., Ed. Francisco Alves, 1983.

meira pergunta: de quem é a culpa? Dos pais, que estão por aí, sem saber como criar tantos filhos, que foram ocupando os espaços da casa e entrando na vida familiar como que sem pedir licença? Dos homens, que até hoje não conseguem responder a uma grave questão — se pretendem curar ou reprimir os doentes do desejo? Ou daqueles que não estão dispostos a ouvir a dolorosa confissão de um ser que encontrou na droga a única porta aberta à sua frente?

Para Kalina, a sociedade, na pessoa do louco, anuncia publicamente seu extravio. Sua incoerência é tão neurótica que, ao mesmo tempo que reprime o adicto, acaba por fomentar sua escravidão. Por um lado ele escuta que não deve proceder desta ou daquela forma, e por outro assimila discursos liberalizantes, seja através de uma mensagem subliminar, ou de um *out-door*, de uma página de revista, de um programa de TV — que tem, inclusive, a força de definir padrões de comportamento, sobretudo para a juventude.

Como conviver com equilíbrio diante de uma realidade que abarca, em um mesmo ambiente comunitário, os discursos da proibição e do desregramento? Essa dicotomia esquizofrênica só pode deixar os jovens em absoluto estado de não saber o que fazer. Caem por terra os padrões éticos de conduta, a autoridade moral dos governantes e da família, e crescem de importância a anarquia e o direito à aventura descompromissada, inconseqüente, como se essa postura fosse o retrato fiel de uma juventude feliz e sadia.

•

A Doutrina Espírita é amiga do futuro. Ao eleger a pureza de coração, o trabalho, a solidariedade e a tolerância como alicerces do homem de bem, ela descortina a necessidade das criaturas iniciarem suas próprias obras internas no presente, para que no amanhã a humanidade colha os frutos dos esforços justos, objetivos, sem desvios ou perdas de tempo, e estabeleça a identidade superior dos mundos regenerados a partir de um coração renovado.

A caminhada começa, porém, no trabalho de evangelização das gerações mais novas. Uma criança amada desde o momento da fecundação tem tudo para se tornar um homem de bem. Ser querida pelos pais, sentir-se protegida e motivo de preocupações saudáveis é tudo que uma criança precisa para crescer com boas estruturas parentais. No futuro, ela terá grandes chances de ser feliz e reproduzir com seus filhos a forma de relação que tanto lhe fez bem outrora. A Doutrina restabelece a credibilidade das figuras do pai e da mãe e garante que a família estruturada no amor está na base da formação de um novo homem, feliz e com auto-estima fortalecida.

•

Mas a realidade infelizmente ainda é outra. O

menino de nove anos permanece caído, a droga continua produzindo o efeito de entorpecer-lhe a memória, para que se lhe torne menos árdua a dura experiência de viver, e ele apenas aguarda o momento de retornar à realidade, para levantar-se e prosseguir na tarefa de sobreviver pedindo.

E os homens continuam mobilizando verbas astronômicas para erguer imensos recursos patrimoniais; prosseguem juntando milhões para mergulhar no espaço infinito; elaboram e aprovam financiamentos que possam sustentar e defender as instituições... e nós, amparados na perspectiva da realidade do espírito, atentamos para a urgência de se assegurar o porvir, através do amparo à infância.

Segundo Emmanuel, abandonar pequeninos ao léu é o mesmo que levantar grandioso palácio, relegando o futuro dono ao relaxamento e ao desespero, fora das portas[2]. Por isso é preciso lembrar: a criança de agora será o retrato e a biografia do mundo amanhã, além de trazer em si a possibilidade de ser o pai ou conselheiro, o orientador ou o chefe dos que hoje lhes governam os dias.

O menino caído na rua da fome — fome de amor e de outras coisas mais — pode ser levantado dali. Temos braços e mãos, pernas e sentimentos para oferecer-lhe um recanto digno. Jesus alertou para o

---

2. XAVIER, F. C. (pelo Espírito Emmanuel). *Livro da Esperança*. Uberaba, 7ª ed., Ed. CEC, 1984, Cap. 18.

fato de que, ao ajudar os que sentem fome, frio e tristeza, estaremos dando, sobretudo, a Ele. Mais importante do que isso, porém, será realizarmos, com todo empenho da alma, nossa transformação pessoal para melhor. Este é o objetivo do Espiritismo em nossas vidas, ao revelar que quanto maior for o número dos despertos para a grandeza incomensurável do Amor, a partir do próprio coração, muito menores serão as chances de uma criança permanecer caída na calçada e ninguém esboçar a mínima reação de ajudá-la, a fim de que ela ganhe ali, pelo menos, um pouco de atenção.

O EQUILÍBRIO É MINHA ATITUDE

Faça uma experiência: peça a alguém que aponte o dedo onde se encontra a Natureza, onde fica o Universo. Você observará que a pessoa imediatamente dirigirá o dedo para fora de si. Ela mostrará árvores, nuvens, estrelas, um cachorro, qualquer coisa, menos o seu próprio corpo.

A sugestão foi apresentada pelo prof. Pierre Weil[1], que diante do fato, acrescentou uma interpretação. Nesse momento, para ele, fica claro que a fragmentação *sujeito-natureza* é um dos conceitos mais enraizados no homem.

Numa busca de sugerir atitudes adequadas para superação dessa dicotomia, a Universidade da Costa Rica, em sua Declaração das Responsabilidades Humanas para o Desenvolvimento Sustentável e a Paz (elaborado em 1989), subscreve que "tudo que existe

---

1. WEIL, Pierre. *A Arte de viver em paz.* São Paulo, 4ª ed., Ed. Gente, 1993.

faz parte do desenvolvimento de um universo interdependente. Todos os seres pertencem a esse universo, têm uma origem comum e seguem caminhos concomitantes. Conseqüentemente, a evolução e o desenvolvimento de toda a humanidade e de cada ser humano é parte integrante da evolução do universo".

Nunca o homem, através de seus organismos internacionais, preocupou-se tanto com a paz coletiva. Os estudiosos do assunto chegam a afirmar que nunca estivemos tão perto da paz, mas, jamais ao mesmo tempo ela nos pareceu tão distante. Os homens vivem agora, após terem atingido uma era nova de prosperidade, um período de dor no crescimento. Deixamos de ser crianças, mas ainda não sabemos nos portar como adultos, como gente grande.

É que chegou a hora da tomada de consciência. Será preciso, para definição de rumos futuros, aceitar verdades incontestes, que não precisam de nossa crença para existir: A soberana existência do espírito, como matriz de manifestações do ser diante das forças de expressão da vida; a veracidade do modelo organizador biológico — o perispírito — definindo o aspecto causal de inúmeras condições de saúde fisio-psíquicas; a necessidade do trabalho, aliado à tolerância e à solidariedade como estruturas de transformação das sociedades do novo mundo.

Essa tomada de consciência exige maturidade, que não assume seu lugar na alma do ser humano enquanto ele não estiver equilibrado, em condições de reconhecer sua posição como colaborador de Deus na construção de um mundo melhor.

•

Durante quarenta anos, algumas organizações mundiais, como a ONU e a UNESCO, elaboraram estudos e realizaram congressos para analisar as origens das guerras e os meios para se estabelecer a paz no planeta. Como exemplos, citamos o Manifesto de Sevilha sobre a Violência (1986), Declaração de Veneza sobre a Ciência em face dos limites do Conhecimento (1987) e a Declaração de Yamoussoukro sobre a Paz no Espírito dos Homens (1989).[2]

Um dos objetivos primordiais desses estudos foi encontrar meios de auxiliar o homem a recuperar a unidade perdida, ou seja, reencontrar a paz. Uma constatação a que os pesquisadores chegaram foi a de que o inimigo a derrotar não é estrangeiro. Ele mora dentro de nós. É a força que isola o homem racional de suas emoções e intuições.

De todos os encontros, destacamos algumas das conclusões a que os congressistas chegaram, como soluções para a mudança dos paradigmas da sociedade moderna:

1) A Declaração de Veneza da UNESCO reco-

---

2. Op. Cit., pág. 16.

menda que a ciência se aproxime das tradições espirituais.

2) A convergência ciência-espiritualidade poderá levar o homem até as origens do universo. Dessas origens emana a energia que molda tudo o que existe.

3) O homem separado de seus semelhantes cria a cultura da violência e uma economia baseada na exploração.

4) A sociedade baseada na exploração do homem pelo homem se estende e atinge a Natureza, também explorada desenfreadamente.

5) O desequilíbrio ecológico da Natureza ameaça o equilíbrio humano.

Para quem estuda esses mesmos valores aqui citados, sob o ponto de vista espírita, a surpresa é grande por duas realidades gritantes, que surgem em função desses tópicos, debatidos nas últimas décadas pelas organizações. Por um lado é maravilhoso constatar que o Espiritismo, em sua estrutura filosófico-científico-religiosa, já pensou nos mesmos problemas há muito mais tempo, desde o século passado, por conta da intuição profunda do Codificador Allan Kardec, que a cada questão apresentada aos Espíritos, preparava a consciência do homem no futuro. Entenda-se, pois, que o espírita está em perfeita sintonia com as questões mais complexas da vida, e no ambiente ideal para empreender sua transformação íntima.

O outro aspecto a chamar a atenção é o absoluto desconhecimento da Doutrina, por parte dos responsáveis por esses organismos. Não há, na lista apresentada como referência bibliográfica inclusa no livro em que nos apoiamos para este capítulo, *nenhuma* obra de Kardec. Fica a impressão de que o Espiritismo foi um navio que passou ao largo do porto e não atracou para entregar a mercadoria de luzes que estava trazendo; somente alguns pescadores conseguiram chegar até a embarcação, mas não conseguiram trazer o suficiente de provisões para a margem, e, por essa razão, não chegaram nem a comover os outros a tentar ver pelo menos que tipo de produto fora trazido até ali.

Para recorrer à contribuição das filosofias desenvolvidas em nome da paz universal, os estudiosos citam a tradição iogue da Índia, do Nepal e do Tibete, o Tai-chi-chuan chinês, as artes marciais pacíficas do Japão e da China, jogos educativos e folclóricos, métodos de não-violência inspirados na Índia e outros usados para despertar a sabedoria, o equilíbrio e o amor, ligados às *tradições* africana, xamanista, judaica, cristã, muçulmana, hinduísta, budista e outras.

Veja que o Cristianismo é citado como *método tradicional* para se atingir qualidades nobres da alma. A intenção foi generalizar a crença para não particularizar as diversas sociedades religiosas que se afirmam cristãs, a fim de se evitar atritos decorrentes da intolerância religiosa.

Mesmo assim, é preciso destacar que o desconhecimento do Espiritismo é grave falha na constituição final dos documentos das já citadas instituições. A Doutrina, tal como apregoa Kardec, vai além de uma religião, pelo absoluto desapego a dogmas e rituais, pelo descompromisso com elementos externos à fé, como sacrifícios de animais, adoração de imagens, vestes especiais ou comportamentos estranhos, típicos de crenças sectárias.

A rigor, a visão espírita de mundo leva o homem à *religação* com o Criador, no sentido de integrar o auto-respeito (conhecimento de si mesmo) à consciência mais aprofundada de sua relação com a Natureza e a sociedade. Indo além disso, essa visão de mundo aprofunda o sentimento de harmonia e integração do ser com a necessidade da preservação ecológica, que o coloca em condições de assumir uma posição integrada, na qual compõe forças a noção mais íntegra possível dos valores individuais, sociais e cósmicos. Em suma, o espírita passa a ser um cidadão do Universo, em sintonia com o Equilíbrio Divino, expresso claramente na Lei de Amor, estudada em todas as suas características em *O Livro dos Espíritos*.

Enquanto a humanidade permanecer fugindo das tarefas que tem a cumprir no terreno da evolução — pessoal e comunitária — vai seguir no rumo da má aplicação dos recursos advindos com o progresso tecnológico. Conforme comenta o Dr. Nubor Facure[3], "decodificando o DNA para identificar com precisão a paternidade, desconhecemos qualquer código moral que nos oriente no que fazer com milhares de embriões de proveta que permanecerão sem pais. Mesmo conhecendo os primores da técnica cirúrgica que embeleza, optamos, muitas vezes, por matar um feto malformado".

O médico prossegue, afirmando que "o mesmo *laser* que opera na sala de cirurgia, para salvar vidas, é usado para matar nas 'operações de guerra'. A Televisão que difunde cultura e divertimento, ensina técnicas para matar, golpes para roubar, mentiras para enganar, estimula o sexo sem compromisso e exalta a família dissoluta, sem raízes e que debocha das tradições".

Ele acrescenta ainda o fato do computador estar hoje em todas as casas, além da Internet, que destina correspondências a todos os cantos da Terra, "mas o Homem parece ter perdido o endereço da sua consciência, do seu Deus e possivelmente do seu futuro".

•

Se os homens que buscam estabelecer regras básicas para a paz mundial quisessem, poderiam no mínimo investigar a força e o impacto dessas argumentações, e encontrar em alguns livros subsidiários à Codificação outros elementos reflexivos muito

---

3. Artigo publicado no jornal Folha Espírita, edição de dezembro de 1996, sob o título *As transformações sociais*.

importantes para a serenidade e equilíbrio do homem.

O Espírito Emmanuel, por exemplo[4], afirma que os homens ainda somos muito atentos aos defeitos físicos aparentes nos corpos, mas "não possuímos suficiente visão para identificar os doentes do espírito, os coxos do pensamento, os aniquilados do coração". O Orientador acrescenta que "na crosta da Terra, onde esmagadora maioria de pessoas se constituem de almas paralíticas, no que se refere à virtude, raros homens conhecem a desarmonia de saúde espiritual que lhes diz respeito, conscientes de suas necessidades incontestes".

Tomando por inspiração a frase paulina "Levanta-te direito sobre os teus pés"(ATOS, 14:10), ele conclui, inferindo que "a missão do Evangelho é muito mais bela e mais extensa que possamos imaginar. Jesus continua derramando bênçãos todos os dias". Daí termos, na ação de operar a cura de nossos espíritos doentes e paralíticos, a tarefa mais importante, porquanto esta atitude se efetua visando as conquistas que levam à pacificação da consciência.

Para Emmanuel, é indispensável nos levantemos, individualmente, sobre os próprios pés, em busca do equilíbrio ideal, porque ainda há muita gente

---

4. XAVIER, F.C. /Emmanuel (Espírito). *Caminho, Verdade e Vida*. Rio de Janeiro, 9ª ed., Ed. FEB, 1981, Cap. 79.

esperando as asas de anjo que lhe não pertencem, e a melhor forma de estar na vida é colocando os pés no chão, mas com o sentimento ativo, de olhos voltados para a frente, visando o futuro da evolução integral.

A ORDEM É MINHA SENHA

Bate o coração do Universo na pulsação do silêncio sideral. A harmonia cósmica invade não somente os recantos da grandeza desconhecida, mas também domina por completo os enigmas do infinitamente pequeno. Em tudo vibra a ordem suprema das Leis Superiores, que estabelecem o primado do Amor diante das instituições humanas e espirituais.

Do alto do monte do esforço pessoal, a observar os detalhes do quadro esplêndido, está o homem do futuro. Olhos atentos aos influxos da Imensidão, ele contempla a composição das esferas e dos astros, e compreende que tudo que lhe atinge os olhos é parte da obra do Regente da Paz, e para toda distância que vai além dos limites de suas possibilidades perceptivas ele estende o tapete da intuição, a fim de traçar o rumo do mergulho na Consciência de Deus.

Como entender que, no âmbito da Ordem, possa existir o caos? Como crer que a destruição seja compatível com a conservação? Em que conjunto de circunstâncias torna-se possível conjugar a dialética do existir, em que o que é hoje, amanhã já não existe, por conta da ação de uma terceira força, que por sua vez também desencadeará novo processo de transformação?

Considerando-se a primazia da realidade espiritual em nossas argumentações, torna-se possível entender que, apesar das forças por vezes incontroláveis da destruição balançarem o edifício das crenças e da fé na Providência Divina, sobrevive, indestrutível, o princípio inteligente, que se vai elaborando por meio das diferentes metamorfoses que sofre.

Mesmo sendo veículo de tragédias e sofrimentos, a destruição nunca está sozinha no ambiente tempestuoso em que expõe suas forças. Junto dela, a Natureza cercou-se de recursos de preservação e de conservação, para que as forças aparentemente descontroladas não chegassem antes da época necessária.

Segundo os Benfeitores Espirituais que assinaram as respostas contidas em *O Livro dos Espíritos*, toda destruição antecipada entrava o desenvolvimento do princípio inteligente(Parte III, cap. VI, it. 729). Por isso, Deus deu a cada ser a necessidade de viver e de se reproduzir. Através do instinto de conservação, o homem traz a força necessária para manter-se em pé diante das provas. É a voz secreta que o adverte de que ainda há muito que fazer pelo seu adiantamento. É assim que o Pai harmoniza as forças opostas diante da realidade de suas manifestações.

•

Mesmo diante das inúmeras ações de amparo da Misericórdia Divina, que se constitui na verdade como o sustentáculo básico de muitas das obras empreendidas pelos homens na Terra, alguns desses servidores se conduzem como adeptos da massa inquieta, que exige novidades e profundas revelações a cada passo da jornada.

Para sanar essa imprevidência, natural na conduta dos afoitos, os Espíritos Amigos chamam a atenção para os grandes desperdícios de energia e atritos inúteis causados pelas realizações prematuras. Para eles, toda atividade edificante reclama critérios basilares, como ordem na execução, além do espírito de precisão e entendimento nos compromissos assumidos.

Emmanuel é muito claro ao alertar para a seriedade da questão apresentada. Ele lembra de "quantos que pedem novas mensagens espirituais, sem haver atendido a sagradas recomendações das mensagens velhas? Quantos aprendizes aflitos por transmitir a verdade ao povo, sem haver cumprido ainda a menor parcela de responsabilidade para com o lar que formaram no mundo? Exigem revelações, emoções e novidades, esquecidos de que também existem deveres inalienáveis desafiando o espírito eterno".[1]

O Instrutor prossegue, lembrando que o programa individual de trabalho da alma, no aprimoramento de si mesma, esteja ela encarnada ou desencarnada, é lei soberana. De qualquer forma, há uma Ordem do Criador a ser entendida e assimilada, a transformar-se no rumo ideal do esforço que a criatura deve empreender, em favor de si mesma.

Na base de qualquer tarefa de anseio evolutivo, a ordem se apresenta como atestado de elevação. Por isso, conforme esclarece Emmanuel, "não basta multiplicar as promessas ou pedir variadas tarefas ao mesmo tempo. Antes de tudo, é indispensável receber a ordenação do Senhor, cada dia, e executá-la do melhor modo"[2].

---

1. XAVIER, F. C. /Emmanuel(Espírito). *Vinha de Luz*. Rio de Janeiro, 6ª ed., FEB, Cap. 20.

2. Op. Cit., mesma mensagem.

A BELEZA É MEU IDEAL

Será que um dia escutaremos a música cantada pelas estrelas do céu? Teremos ouvidos para isso? A dúvida, que não é minha, mas de Pitágoras, bem pode se transformar em nossa, pela grandeza e oportunidade da pergunta. Para o filósofo grego, as estrelas entoam, sim, uma canção; só que diante da plenitude da harmonia, estacamos no limitado das imperfeições, e não a assimilamos.

Fecham-se as cortinas da idéia. Estabelecem-se os padrões de postura mental do Ocidente. Falar disso é perder tempo. É deixar-se por muito tempo na superficialidade das indagações que não levam a nada. A regra é suprimir a conversa, o pensamento, a percepção de uma beleza de caráter universal.

Não que sejam proibidas as cogitações de ordem cósmica; só que as regras para tais indagações pedem que não se suspire de enlevo enquanto se pensa, como se descobrir a sublimidade que há por trás do canto das estrelas fosse um pecado aos olhos da objetividade científica.

Diante da intensa velocidade do pensar e do sentir, o homem constata que não é possível viver sem descobrir o quanto tudo que o rodeia é belo, infinitamente belo. E quando a força da beleza se revela, ela acaba por revelá-lo também... e ele constata as carícias que a harmonia de viver faz em seu coração quando esse esforço se afina com a beleza natural.

Eis aí a grande descoberta, o princípio da notável transformação. Diante do entardecer, por exemplo, o ser contempla tudo de que se veste o pôr-do-sol e vê na imagem identificações com as vivências próprias de amor ao próximo em que atua no dia-a-dia. Ao tocar com os pés na areia da praia, ou acompanhar a gota d'água que balança na franja de uma folha alimentada pela chuva, ele recorda as horas vividas junto aos que lhe procuraram, em busca de um minuto de diálogo reconfortante.

Ao perceber a magnanimidade desses instantes, a criatura constata que a beleza significa o mergulho nas harmonias silenciosas da Natureza e do próprio ser. Nesse ambiente de concepções renovadas, o ato de *dar-se* passa a ser uma forma de *ampliar-se*. *Descobrir-se* ganha o significado de *dignificar-se*, rumo à vitória final da superação de si mesmo.

•

Pude encontrar-me com a Beleza, certa vez,

quando voava em um pequeno avião, pelos céus do Mato Grosso do Sul, e começou a chover. Naquela tarde, as nuvens não haviam coberto ainda totalmente o sol... e, do alto, podia ver que as gotas desciam iluminadas pela luz natural que teimava em permanecer no firmamento, molhando as plantações e os animais que pastavam pelos campos...

Pude senti-la novamente quando, na infância vivida no mesmo Estado (na acolhedora Ponta Porã), brincava de subir em uma árvore quando parei para descansar. Do alto de um galho, vi, ao longe, a pequena estação de trem de minha modesta cidade. Ela se encontrava quase perdida em meio a uma neblina, que, toda vez que vinha, sempre chegava primeiro por lá, junto com as locomotivas.

Da mesma forma que marca presença de forma humilde e silenciosa nos quadros mais singelos de nossa vida, a Beleza está viva também na responsabilidade que a gente sente quando vê que mereceu do outro a confiança que a ele faltava para se confessar a alguém... e a nós acabou escolhendo. Mais profundamente belo ainda é construir, no próprio coração, o recanto do respeito, onde o confidente pode guardar sua verdade, sem ter medo de perdê-la.

Diante do sofrimento alheio, uma constatação: se o artista consegue transformar um pedaço de pedra em uma obra de arte, um homem de pedra também pode transformar-se em uma pérola de luz interior — dessa luz que brilha, que vai além de si mesma, dos limites de seu foco gerador, convidando outros a que façam o mesmo consigo próprios.

O Espiritismo propicia essa batalha, ao incentivar a criatura a abrir com coragem os caminhos da melhoria pessoal. O trabalho é lento, porém contínuo, e, pela elevação de propósitos, não se perde no imediatismo, no *stress*, na pressa. A transformação íntima é dona de seu próprio ritmo, apesar de nossas crises de consciência, quando notamos que os esforços empreendidos não têm sido suficientes para o alcance de uma vitória definitiva, no tempo e na condição que imaginávamos.

•

Na visão de Aristóteles (384-322 a.C.), a Beleza é a condição em que tudo se entrosa perfeitamente, como quando se tem a convicção de que nada poderia ser acrescentado ou subtraído. Para Pitágoras (580 a.C. - ?), bem como para Platão (427-347) e Plotino (205-270), ela significa o esplendor eterno do *Uno* a se manifestar através dos *Muitos*.

Platão vai além, ao aproximar a Beleza da Verdade e da Bondade. Para ele, a primeira é harmonia, mas o teste da integridade das outras duas consiste em saber se são harmoniosas. Ora, isso é, em essência, o núcleo do pensamento do seu mestre Sócrates, que afirmou em versos, ao final de *Fedro*: "Ó Pã, e todos vós outros deuses que freqüentais este lugar, dai-me a beleza do homem interior, e que o homem exterior e o homem interior sejam concordes."

Essa mesma linha de raciocínio foi adotada por Schiller, no final do séc. XVIII, quando entendeu que a Beleza nasce do ato lúdico, enquanto se brinca. Esse é o momento, na opinião dele, em que o ser descobre que o sentimento de limitação que lhe é inerente encontra-se com o infinito que o habita — ou seja — ele é, ao mesmo tempo, objetivo e subjetivo, justamente porque é determinado por um lado e livre por outro para criar.

Para o psicólogo Otto Rank, um dos pioneiros da Psicanálise, a idéia de Schiller é uma descrição exata do homem sadio. Rank acreditava que a função da Psicoterapia era ajudar o paciente a aprender a criar. E a criatividade reúne o que Freud entendeu como as duas finalidades da vida: amar e trabalhar.

Se Sócrates acreditava que era possível o ser unificar-se um dia, Allan Kardec preparou, com apoio em sua filosofia, o instrumental para que o homem partisse definitivamente para essa auto-elaboração. E à medida que se constrói, ele vai tornando unificado o movimento religioso em torno do ideal que abraçou. O fanal do Espiritismo é ver a ação dos que dizem amá-lo ser ética (no sentido dos integrantes respeitarem opiniões diferenciadas, não obstante haver concordância nos aspectos principais) e dinâmica (quando, na razão direta do fervor da crença, vibra o desejo intenso de servir aos mais necessitados). O resultado dessa prática, na intimidade essencial do homem, é uma vida com mais integridade, com mais inteireza, com mais beleza.

•

A Ética da Bondade, bem como da Beleza (as duas palavras provêm do mesmo termo grego — *Khálon*) prescreve, segundo May[1], que o ser deve agir como se procurasse atingir o máximo da expressão poética, o amor mais avançado pela arte, pela mais alta qualidade de cada instante de sua vida — tudo por amor e respeito a esse próprio momento.

Quem sabe, dessa forma, poderemos atingir um encontro perene com a Beleza, tal como ocorreu com o astrônomo e matemático alemão Johannes Kepler (1571-1630). Ele acreditava que a revolução dos planetas ao redor do Sol era linda, no mesmo sentido em que as vibrações emanàdas das segundas cordas de uma cítara são lindas. Por isso constantemente referia-se a uma certa "harmonia das esferas", e gritava de alegria sublimada, ao contemplar o infinito da visão estelar, afirmando:

— "Eu vos agradeço, Senhor Deus Nosso Criador, por me teres permitido ver a Beleza em vossa obra da Criação."

---

1. MAY, R. *Minha Busca da Beleza.* Petrópolis, Ed. Vozes, 1ª edição, 1992.

A PERFEIÇÃO É MEU DESTINO

Senhor Jesus,

De todas as vozes que clamaram até hoje, a Tua foi a que deixou o eco mais durável, mais profundo e perfeito nas entranhas montanhosas do desconhecido. Até agora, todos os que se encontram vinculados às experiências da evolução na Terra sentem-Te a influência benfazeja.

Possivelmente não Te escutamos diretamente, pregando às margens do lago, ou ao sopé da montanha, quando do Sermão das Bem-aventuranças, ou próximo às estradas poeirentas da Palestina, já que teu palco de manifestações era a própria Natureza, em qualquer recanto onde fosse possível falar das maravilhas da obra de Deus.

Estávamos dormindo, Senhor, o sono dos ociosos. Repousávamos a cabeça na horizontalidade do pouco esforço, descompromissados com a suave canção que já se fazia ouvir no horizonte da Humanidade. Nem quando escutamos passar, ao longe, a mensagem dos teus seguidores, pedindo que despertassem os que estavam cegos e sonolentos, tivemos o impulso de sair pelo menos para ver do que se tratava.

A viagem dos séculos chegou, inabalável, transformando em herança as obras que ficaram no passado. Todas, sem exceção, moldaram o panorama do presente, definindo o rol de lutas a serem enfrentadas, rumo à elaboração do futuro da raça.

Nesse ínterim, paramos para lembrar que Tua bondade e misericórdia sempre se fez presente entre nós, apesar da distância em que nos encontrávamos (e ainda nos achamos) de Tua imensa grandeza.

Consta que Brígida, médium sueca de suave clarividência, santificada pela Igreja, teve, aos 11 anos, uma ocasião em que pôde ver-Te, após o sermão de um religioso sobre a Paixão. Repentinamente, no silêncio de seu quarto, durante a prece da noite, pareceu-lhe que a pequena imagem diante da qual orava se engrandecia, tornando-se verdadeira. A pequenina vidente gravou o quadro das flagelações e as gotas de sangue que desciam de Tua coroa de espinhos e indagou, tomada de compaixão:

— Ó Meu querido Senhor, quem Vos reduziu a esse estado?

Tua resposta foi clara, e nunca mais esquecida pela menina:

— Todos aqueles que me esquecem e desprezam meu amor.[1]

Novos tempos vieram e gravamos de novo na memória outro encontro teu com irmãos em crescimento espiritual. Desta vez, na escuridão de um quarto pobre, em Sacramento, Minas Gerais. Eurípedes Barsanulfo, apóstolo da mediunidade no início do século XX, observou-se fora do corpo físico durante o repouso, e subiu vertiginosamente. Viu-se, assim, em formosa paisagem, quando avistou-Te ao longe... e aí não teve mais coragem de aproximar-se.

Lembrou-se das lições do Cristianismo, os templos do mundo, as homenagens prestadas ao Senhor, na literatura e nas artes, e a Tua mensagem a ecoar entre os homens, no curso de vinte séculos...

Tomado de coragem e humildade, viu-Te entristecido. Traspassado de sofrimento, indagou-Te por que choravas. Tu não respondeste. E ele voltou a inquirir-Te: — Choras pelos descrentes do mundo?

Nesse momento, o missionário mineiro vislumbrou teus olhos a fixá-lo, para responder-lhe em seguida:

— Não, meu filho, não sofro pelos descrentes

---

1. TAVARES, C. *Mediunidade dos Santos*. (Obra póstuma, concluída por Flávio M. Tavares). Araras, SP, 1ª ed., IDE, 1988, pág. 47.

aos quais devemos amor. Choro por todos os que conhecem o Evangelho, mas não o praticam...[2]

•

Da primeira história tomamos conhecimento através dos livros antigos, que registraram para a eternidade a vida e a voz de seus melhores seguidores. A segunda, Senhor, já nos chegou por causa do Espiritismo, essa prova imortal de que Tu não nos abandonaste, conforme prometeras, no Evangelho de João[3].

É por isso que agora, diante da Tua presença viva, liberta definitivamente da cruz, mudamos o teor de nossas súplicas para agradecer-Te.

Obrigado, Senhor, pela Boa Nova. Agora reconhecemos quanto tempo deixamos para trás, quando vivíamos o descanso dos desatentos. Obrigado, sobretudo, pela vida missionária de teu fiel servidor, Allan Kardec. Através da Codificação, entramos em contato com a base da Verdade, que ora nos define os objetivos na vida, rumo ao glorioso porvir.

Agradecemos-Te, ainda, mestre, pela oportunidade que nos oferece, a cada dia, de trabalhar em Teu

---

2. XAVIER, F. C./Hilário Silva (Espírito). *A Vida Escreve.* Rio, RJ, 3ª ed., FEB, 1978, Cap. 27.

3. Evangelho de João, 14.

nome, ainda que não estejamos qualificados para divulgar a mensagem, tal como fizeram os apóstolos primeiros, a quem desprezávamos com indiferença e cinismo.

Deixa-nos traduzir um desejo, nesta hora em que fechamos a última página de nossas súplicas. Como o Espiritismo já inaugurou em nós o futuro que ainda está por vir, por permitir que nos sintonizemos agora com o psiquismo do mundo de regeneração, que é, em essência, o compromisso com a vontade de crescer, de ser feliz, de superar as sombras do passado em busca do presente iluminado, rogamos-Te, por fim, as forças necessárias para que, ao término dessa jornada, possamos despedir-nos vestidos em Tua terna luz.

Nesse momento sublime, diremos, em conjunto, o nosso poema de amor, a expressar-Te a gratidão de quem é menor e abraça-se a um Ser Maior, em nome de um roteiro de luz a ser cumprido. Por isso, Mestre Querido, agradecemos, neste instante de alegria,

....
A paz que nos anuncia
A vida superior...
Por nossa esperança em festa,
Pelo pão, pelo agasalho,
Pelo suor do trabalho,
Louvado sejas, Senhor!...

Envoltos na luz da prece,
Louvamos-te os dons supremos,
Nas flores que te trazemos,
Cantando de gratidão!...
Felizes e reverentes,
Rogamos-te, Doce Amigo,
A bênção de estar contigo
No templo do coração.[4]

4.Transcrição parcial de poema do Espírito Casimiro Cunha, *in Antologia Mediúnica do Natal,* pelo médium F. C. Xavier.

Este livro foi impresso
no Departamento Gráfico da
FEDERAÇÃO ESPÍRITA BRASILEIRA
na cidade do Rio de Janeiro
em outubro de 2009.

www.febnet.org.br